Eva Wodarz-Eichner • Karsten Eichner

Die großen Wiesbadener

Bürger, Badegäste und Berühmtheiten

SOCIETÄTS**VERLAG**

Alle Rechte vorbehalten • Societäts-Verlag
© 2010 Frankfurter Societäts-Druckerei GmbH
Satz: Nicole Proba, Societäts-Verlag
Schutzumschlaggestaltung: Jutta Schneider, Frankfurt am Main
Druck und Verarbeitung: freiburger graphische betriebe
Printed in Germany 2010
ISBN 978-3-7973-1222-8

Gewidmet

Professor Oskar Dreyhausen von Ehrenreich (1881 – 1960),

dem Begründer der Volksbildungsstätte Schierstein
und Ur-Urgroßvater unserer Kinder

Inhaltsverzeichnis

Vorwort

Wiesbaden hat viele Gesichter – und es hat während der vergangenen Jahrhunderte die unterschiedlichsten Menschen angezogen: Als Modebad von Weltruf, als Residenzstadt, als Altersruhesitz begüterter Personen. Als Stadt der Musik, der Künste und der Künstler. Als Hort der Maler, der Literaten, der Komponisten. Als Stadt des Glücksspiels – und der Gesundheit.

Dementsprechend vielfältig ist die Auswahl an Persönlichkeiten, die auf die eine oder andere Weise eng mit dieser Stadt verbunden sind und die in diesem Buch als die „großen Wiesbadener" vorgestellt werden: Wissenschaftler und Widerstandskämpfer, Fürstinnen und Fabrikanten, Manager und Maler, Juristen und Journalisten, Komponisten und Kunstsammler, Staatsmänner und Stadtplaner, Wohltäterinnen und skandalumwitterte Frauen. Gewiss, nicht alle von ihnen sind „Ur-Wiesbadener", und häufig haben sie hier auch nur einen Teil ihres Lebens verbracht, manchmal nur einen kurzen Kuraufenthalt. Und dennoch war es für den Lebenslauf meist eine prägende Zeit. Dostojewskis Roman „Der Spieler" oder Brahms' dritte Sinfonie hätte es ohne die Wiesbaden-Besuche gewiss nicht gegeben, zumindest nicht in dieser Form. Und Goethe hätte seine „Suleika" vielleicht nie gefunden …

Die hier Portraitierten teilen sich in drei Kategorien, wie es im Untertitel „Bürger, Badegäste und Berühmtheiten" ja auch schon anklingt: Da sind zum einen diejenigen, die direkt aus Wiesbaden stammen (oder aus dem angrenzenden Biebrich, das bis ins frühe 20. Jahrhundert hinein selbstständig war) – allen voran Herzog Adolph. Die zweite Kategorie bilden Persönlichkeiten, die erst im Laufe ihres Lebens nach Wiesbaden kamen, hier wirkten und hier gestorben sind – wie beispielsweise Carl von Ibell, der wohl bekannteste Oberbürgermeister der Stadt. Und zur dritten Kategorie zählen Menschen, die nur einen kurzen Aufenthalt in Wiesbaden absolviert haben, der jedoch prägend wurde für ihr Leben – wie zum Beispiel bei Richard Wagner. In einigen Ausnahmefällen wurden auch Personen aufgenommen, die wichtig für die nähere Umgebung Wiesbadens geworden sind – beispielsweise Marianne von Preußen, femme scandaleuse und zugleich tief gläubige Rheingauer Kirchenstifterin.

Bei den hier vorgestellten Portraits handelt es sich nicht um lexikalische oder wissenschaftliche Biographien, die das Leben der Personen in sachlicher Form abhandeln. Die Artikel sind vielmehr „Lebensbilder" im besten Sinne des Wortes, die besondere, für Wiesbaden wichtige Begebenheiten aus dem Lebenslauf der Personen illustrieren und häufig auch die Brücke in die Gegenwart schlagen – etwa, wenn die Bauwerke eines Architekten auch heute noch das Stadtbild prägen.

Wir widmen dieses Buch einem Mann, der erst gegen Ende seines Lebens nach Wiesbaden gekommen ist, aber hier bis heute Spuren hinterlassen hat: Professor Oskar Dreyhausen von Ehrenreich (1881 – 1960), Begründer der Volksbildungsstätte Schierstein und Ur-Urgroßvater unserer Kinder.

Unser Dank gilt denjenigen Personen und Institutionen, die zum Entstehen des Buches beigetragen haben. In erster Linie dem gesamten Team des Societäts-Verlags, der den Band in sein Verlagsprogramm aufgenommen hat. Den Anstoß zur Entstehung verdanken wir Herrn Stefan Schröder, Chefredakteur des „Wiesbadener Kurier". Er hat auch dafür gesorgt, dass Teile dieses Buches vorab als Zeitungs-Serie erschienen sind und damit einem noch größeren Leserkreis bekannt gemacht wurden. Wir danken dem Wiesbadener Stadtarchiv, das zahlreiche historische Portraitfotos zum Abdruck bereitgestellt hat, und insbesondere Herrn Georg Habs, der diese zusammengesucht und für den Druck digitalisiert hat. Ein weiterer Dank geht an das Archiv der Verlagsgruppe Rhein-Main und speziell an Herrn Michael Bischof und Herrn Gerhard Krebühl, die die Bilder für die Kurier-Serie zusammengetragen haben. Ebenso danken wir der Landesbibliothek Wiesbaden, dem Hessischen Hauptstaatsarchiv Wiesbaden, dem Archiv der Henkell & Söhnlein Sektkellereien, dem Diözesanarchiv Limburg, dem Schlosshotel Reinhartshausen und dem Siemens-Unternehmensarchiv für die Überlassung von Bildern und Archivmaterial.

Der Schwerpunkt dieses Buches liegt auf dem 19. und 20. Jahrhundert. Das ist natürlich auch der gegenüber früheren Jahren deutlich besseren Quellenlage geschuldet, liegt aber vor allem daran, dass die überregionale Bedeutung Wiesbadens erst im 19. Jahrhundert einsetzte und die Stadt dann erst ihre große Anziehungskraft auf viele Besucher entwickeln konnte. Berühmtheiten wie der Konstrukteur Sigmund Schuckert aus Nürnberg oder der schlesische Schriftsteller Gustav Freytag hätten sich Ende des 19. Jahrhunderts wohl kaum in Wiesbaden niedergelassen, wäre die Stadt nicht damals schon bekannt gewesen als komfortabler Altersruhesitz mit gesundem Klima für viele begüterte Menschen aus dem gesamten Deutschen Reich.

Zwar gibt es auch aktuell eine Reihe bekannter lebender Persönlichkeiten, die aus Wiesbaden stammen, aber es würde zu weit führen, sie alle mit aufzuführen. Aufnahme in die Reihe der „großen Wiesbadener" haben daher hier nur Menschen gefunden, die bereits verstorben sind. Mancher Leser mag vielleicht die eine oder andere Persönlichkeit vermissen. Eine Sammlung von Biographien bedeutet jedoch immer eine Auswahl, und mitunter fällt die Entscheidung schwer. Längst nicht alle berühmten, prominenten oder zumindest ungewöhnlichen Personen, die in Wiesbaden gelebt haben und deren Leben spannend genug ist für ein literarisches Portrait, konnten daher in diesem Buch berücksichtigt werden.

Wir hoffen aber, dass dieses Buch den Anstoß gibt, sich näher mit der Wiesbadener und der nassauischen Geschichte zu beschäftigen – und mit den historischen Persönlichkeiten, die in dieser Stadt gelebt haben. Sie haben es verdient.

Wiesbaden, im September 2010
Eva Wodarz-Eichner und Karsten Eichner

Herzog Adolph von Nassau,
der zweifache Landesvater

Wiesbaden, 4. März 1848: In der Stadt gärt die Revolution. 40.000 Menschen bevölkern die Straßen und Gassen der Residenz, die damals lediglich 14.000 Einwohner zählt. Jeder will dabei sein, wenn Herzog Adolph endlich von seiner Reise nach Berlin zurückkommt. Neun „Forderungen der Nassauer", die die liberale Bewegung aufgestellt hat, soll er erfüllen – darunter Volksbewaffnung, Pressefreiheit, Religionsfreiheit, freies Versammlungsrecht, eine Reform des Wahlrechts und nicht zuletzt die Einberufung eines deutschen Parlaments. Adolphs Staatsminister, Emil August Freiherr von Dungern, hat in Abwesenheit des Herzogs bisher lediglich Pressefreiheit und Volksbewaffnung gewährt. Zu mehr reichen seine Vollmachten nicht aus – aber für die wartende Menge ist es zu wenig. Die Stimmung ist aggressiv. Bauern aus dem Umland sind in Scharen gekommen, bewaffnet mit Sensen, Heugabeln und Dreschflegeln. Dazwischen tummeln sich Bürger nassauischer Städte, aber auch etliche Mainzer sind gekommen. „Morgen Revolution in Wiesbaden", hatte es auf öffentlichen Anschlägen geheißen, und viele sind dem Lockruf gefolgt. Schon fordern erste Stimmen die Ausrufung der Republik – auch wenn Staatsminister Dungern, Herzogin Pauline und ihr 15-jähriger Sohn Prinz Nicolas die Forderungen schließlich provisorisch genehmigt haben. Dennoch wird die Menge aggressiver, droht mit der Erstürmung des Schlosses.

Plötzlich, gegen halb fünf Uhr nachmittags, ertönt der Ruf „Der Herzog kommt!". Er kommt spät, beinahe zu spät. Doch nun bahnt er sich, nur von einigen Bürgerwehr-Männern begleitet, zu Fuß den Weg vom Taunus-Bahnhof durch die Menge. „Mir stand der Tod vor Augen", schreibt er später in einem Brief an den preußischen König. Doch die Menge bleibt abwartend und friedlich. Ohne Zwischenfälle erreicht Adolph das Schloss, tritt dort zusammen mit seiner Familie und Minister von Dungern auf den Balkon und verkündet: „Die Forderungen, die ihr

ADOLPH.
Herzog von Nassau.

an mich gestellt habt, … genehmige ich und werde ich halten." Die Wirkung seiner Worte ist unbeschreiblich: Die eben noch feindselige Menge bricht in Jubel aus und lässt den Herzog hochleben. „Habt Vertrauen auf mich!", ruft er den begeisterten Menschen zu, und dann: „Nun geht mit Gott nach Haus und habt Vertrauen zu mir, wie ich auf euch."

Die Ereignisse des 4. März 1848 sind die wohl größte Bewährungsprobe im Leben des damals 31-jährigen Herzogs. Er meistert sie unter großem Druck mit außerordentlicher Bravour und persönlicher Courage – auch wenn er bereits einen Tag später seine Zusagen bereut und wieder zurückzunehmen versucht, schließlich hat er noch wenige Tage zuvor mit dem preußischen König eine kompromisslose Haltung gegenüber allen liberalen Tendenzen vereinbart. Dennoch zählt Herzog Adolph bis heute zu den populärsten nassauischen Landesherren – mit einer geradezu unglaublichen und an Wendungen reichen Biographie.

Adolph Wilhelm Carl August Friedrich – so die Liste seiner Vornamen – wird am 24. Juli 1817 im Westpavillon des Biebricher Schlosses geboren. Der Vater des Erbprinzen ist Wilhelm, Herzog von Nassau, seine Mutter, Charlotte Luise, ist eine geborene Prinzessin von Sachsen-Hildburghausen und die Nichte der preußischen Königin Luise. Sie stirbt bereits im April 1825, und vier Jahre später heiratet Adolphs Vater erneut. Seine Auserwählte ist die Nichte seiner verstorbenen Frau – die damals gerade 18-jährige Prinzessin Pauline von Württemberg.

Adolph bekommt Privatunterricht und wird militärisch geschult; er hat eine rasche Auffassungsgabe, lässt sich aber auch leicht ablenken. Vor allem die Reiterei hat es ihm angetan – sie wird ein Leben lang sein Steckenpferd bleiben, und bis ins hohe Alter ist Adolph ein geschickter Reiter.

Als Herzog Wilhelm Mitte 1839 überraschend mit nur 47 Jahren stirbt, tritt Adolph kaum 22-jährig die Nachfolge an. Der junge Herzog gibt sich leutselig und volksnah, gewinnt viele Sympathien. Auch mit der Wirtschaft des Landes geht es voran, beispielsweise durch den Eisenbahnbau oder 1840 durch die Gründung der „Herzoglich Nassauischen Landes-Credit-Casse", der heutigen Nassauischen Sparkasse. Auf die Staatsgeschäfte ist er jedoch trotz allen Unterrichts und mehrmonatiger Bildungsreisen nach Wien kaum vorbereitet, und er widmet sich ihnen kaum. Viel lieber verbringt er die Zeit mit der Jagd – seiner zweiten großen Leidenschaft.

1844 heiratet Adolph Prinzessin Elisabeth Michailowna, Großfürstin von Russland, und knüpft somit enge familiäre Beziehungen zum Zarenhaus. Aber Elisabeth stirbt bereits ein Jahr später nach der Geburt ihrer ersten Tochter, die ebenfalls nicht überlebt. Adolph ordnet ein halbes Jahr Staatstrauer an und lässt für seine verstorbene Frau eine prachtvolle Grabkapelle auf dem Neroberg errichten – die im Volksmund fälschlich als „Griechische Kapelle" bezeichnete russisch-orthodoxe Kirche ist heute ein Wahrzeichen der Stadt.

Von den revolutionären Bestrebungen des Jahres 1848 wird Herzog Adolph überrascht. Politisch nimmt er eine konservative Haltung ein, will nicht an seiner Stellung rütteln lassen. Ende Februar 1848 reist er zu König Friedrich Wilhelm IV. nach Berlin – man kommt überein, die Revolution unter allen Umständen einzudämmen. Doch von den Ereignissen der nächsten Tage wird Adolph förmlich überrollt. Ausgerechnet diesmal hat er Staatsminister von Dungern keine Generalvollmacht ausgestellt, wie er es sonst bei längeren Reisen tut. Da Dungern die Hände gebunden sind, spitzt sich die Lage am 4. März in Wiesbaden dramatisch zu – bis Adolph alle Forderungen gewährt. So kommt es schließlich dazu, dass in keinem anderen deutschen Land die demokratischen Forderungen der Märzrevolutionäre – entgegen allen ursprünglichen Plänen des Herzogs – so weitgehend erfüllt werden.

Staatsminister von Dungern gießt in den folgenden Wochen die „Forderungen der Nassauer" in Gesetze, bevor er zurücktritt und Platz macht für den „Märzminister" August Hergenhahn. Der hat zwar Anfang März die „Forderungen der Nassauer" formuliert, steht aber fest auf dem Boden der konstitutionellen Monarchie und hat in jenen turbulenten Tagen viel zur Mäßigung der Situation beigetragen.

Mit dem Scheitern des Paulskirchen-Parlaments und dem Erstarken der reaktionären Kräfte vollzieht sich dann aber bereits Ende 1851 ein erneuter Kurswechsel. Die freiheitlichen Gesetze werden nach und nach wieder kassiert, Hergenhahn an der Spitze des Staatsministeriums durch den monarchisch gesinnten Prinzen August Ludwig zu Sayn-Wittgenstein-Berleburg ersetzt. Adolph lehnt sich in der Folgezeit außenpolitisch eng an Österreich an – eine Abhängigkeit, die ihn 15 Jahre später den Thron kosten wird.

Im April 1851 heiratet Adolph Prinzessin Adelheid Marie zu Anhalt. Es ist eine Liebesheirat, und die Ehe wird glücklich. Das Paar bekommt in den folgenden Jahren fünf Kinder, darunter den ersehnten Erbprinzen, den 1852 geborenen Wilhelm. Trotz seiner reaktionären Haltung ist der leutselige Herzog Adolph in seinem Land außerordentlich populär, wie die Feiern zu seinem 25-jährigen Regierungsjubiläum 1864 zeigen. Doch seine Tage in Nassau sind gezählt: Im Konflikt zwischen Preußen und Österreich stellt sich Herzog Adolph auf die Seite des Deutschen Bundes und damit Österreichs. Aber den militärischen Konflikt des Jahres 1866 gewinnen die Preußen. Nach der Schlacht von Königgrätz wird Nassau von preußischen Truppen besetzt und kurz darauf von Preußen annektiert.

Adolph verliert damit zwar seinen Thron, nicht aber seinen Titel und sein Vermögen. In zähen Verhandlungen erreicht er einen Kompromiss, der ihm als Ausgleich für die herzoglichen Domänen 15 Millionen Gulden einbringt. Zudem behält er die Schlösser in Biebrich, Weilburg und auf der Platte, das Paulinenschlösschen in Wiesbaden und weiteren Grundbesitz.

Bewohnt hat er seine Residenzen im nun preußisch gewordenen Territorium allerdings nie wieder. Die herzogliche Familie nimmt Quartier in Frankfurt am Main, im Sommer auch in Königstein. In der Nähe von Bad Tölz erwirbt Adolph zudem das Jagdschloss Hohenburg. Den Winter verbringt die herzogliche Familie zumeist in Wien, wo der alternde Herzog zu einer bekannten Erscheinung wird.

Im fortgeschrittenen Alter kehrt Adolph wider Erwarten in den Kreis der regierenden Fürsten zurück. 1890 stirbt der niederländische König Wilhelm III., der in Personalunion auch Großherzog von Luxemburg ist, ohne männliche Nachkommen. Da – anders als in den Niederlanden – in Luxemburg die männliche Erbfolge gilt, kommt hier aufgrund der Erbgesetze das Haus Nassau-Weilburg zum Zuge, dessen Chef Herzog Adolph ist. Dank seiner leutseligen Art gewinnt er rasch die Herzen der Luxemburger, auch wenn er sich selten in seinem neuen Großherzogtum aufhält. 1902 setzt er seinen Sohn Wilhelm als Statthalter ein, behält sich aber wichtige Entscheidungen weiterhin selbst vor.

Herzog Adolph, der Begründer des Hauses Luxemburg-Nassau, stirbt mit 88 Jahren am 17. November 1905 auf Schloss Hohenburg. Sein Sarkophag steht heute in der Weilburger Familiengruft, wohin er 1953 nach dem Verkauf des Schlosses Hohenburg überführt wurde. An Adolph, den populären Herzog, erinnern heute noch zahlreiche Denkmäler – zum Beispiel in Weilburg und in Königstein. In Wiesbaden steht seit 1909 das Nassauische Landesdenkmal auf der „Adolphshöhe" an der Biebricher Allee.

Ludwig Beck,
Offizier und Widerstandskämpfer

Hier starben für Deutschland am 20. Juli 1944: Generaloberst Ludwig Beck – General der Infanterie Friedrich Olbricht – Oberst Claus Graf Schenk von Stauffenberg – Oberst Albrecht Ritter Mertz von Quirnheim – Oberleutnant Werner von Haeften": So lautet die Inschrift einer Gedenktafel im Innenhof des „Bendlerblocks", dem ehemaligen Oberkommando des Heeres und dem heutigen Berliner Sitz des Bundesverteidigungsministeriums. Die Tafel erinnert an den gescheiterten Staatsstreich gegen Adolf Hitler, den vergeblichen Versuch, im Angesicht der drohenden militärischen Niederlage den Gräueltaten des Regimes Einhalt zu gebieten. An erster Stelle der Aufzählung steht dabei nicht der Hitler-Attentäter und heutzutage viel bekanntere Graf Stauffenberg, sondern Ludwig Beck: der Mann, der von den Verschwörern als Staatsoberhaupt und Reichsverweser vorgesehen war und der die führende Rolle im militärischen Widerstand spielte.

Ludwig Beck wird am 29. Juni 1880 als mittlerer von drei Söhnen im damals noch selbstständigen Biebrich geboren. Sein gleichnamiger Vater ist Chemiker und Inhaber einer Eisengießerei. Ludwig Beck besucht das humanistische Gymnasium in Wiesbaden (die spätere Diltheyschule) und entscheidet sich anschließend, der Familientradition folgend, für eine Offizierslaufbahn. Im gleichen Jahr, 1898, erwirbt sein Vater eine repräsentative Villa in der Rheingaustraße 138, die heute noch bestehende „Villa Beck".

Ludwig Beck absolviert die übliche militärische Ausbildung, und früh zeigt sich sein Talent. Während des Ersten Weltkriegs ist der junge Hauptmann in verschiedenen Generalstabsstellungen an der Westfront eingesetzt. 1916, mitten im Krieg, heiratet er Amalie Pagenstecher, die aber schon ein Jahr später stirbt. Im April 1918, ein halbes Jahr vor Ende des Krieges, wird Beck zum Major befördert. Der Zusammenbruch des Kaiserreichs im November 1918 erschüttert ihn tief. Der

Soldat aus Überzeugung entscheidet sich zum Eintritt in das kleine
100.000-Mann-Heer, das der Versailler Vertrag dem Reich fortan zuge-
steht. Hier macht Beck Karriere. 1923 wird er zum Oberstleutnant,
1927 zum Oberst befördert, 1931 erfolgt die Ernennung zum General-
major. 1933 wird er Chef des Truppenamtes und damit faktisch Chef
des Generalstabs (der aber durch den Versailler Vertrag verboten ist).

Dieses Amt erhält er offiziell erst 1935, mit Gründung der Wehrmacht. Kurz darauf folgt die Ernennung zum General der Artillerie.

Parallel zu diesem militärischen Aufstieg vollzieht sich Becks allmähliche Abkehr vom Regime. Der „Röhm-Putsch" vom 30. Juni 1934, bei dem Hitler die SA-Führung und etliche politische Gegner liquidieren lässt, und die Vereidigung der Soldaten und Offiziere auf Adolf Hitler am 2. August 1934 nach dem Tod von Reichspräsident Hindenburg bewirken in ihm einen Sinneswandel. Den Tag der Vereidigung auf den „Führer" bezeichnet Beck als den „schwärzesten Tag meines Lebens". Auch Hitlers unverhohlene Absichten, einen Angriffskrieg zu führen, stoßen bei ihm auf Ablehnung. Er erkennt früher als die meisten Militärs, dass Hitlers Vabanque-Politik über kurz oder lang zu einem Weltkrieg führen wird, mit unabsehbaren Folgen für Deutschland.

Ein Weg, den Beck nicht mitgehen will, zumindest nicht in dieser Konsequenz. In Denkschriften versucht er, den Diktator zu mäßigen, doch vergebens. Er versucht, die Generalität zu einem Ultimatum an Hitler und einem gemeinsamen Rücktritt zu bewegen, falls dieser seine Pläne für einen Angriff auf die Tschechoslowakei (den er nicht prinzipiell missbilligt, aber für viel zu früh hält) nicht fallen lässt – ebenfalls ohne Erfolg. Er plant sogar die Absetzung Hitlers, falls dieser es zu einem Krieg kommen lassen sollte. Das „Münchener Abkommen" 1938, mit dem die Alliierten durch weitreichende Zugeständnisse vermeintlich „Frieden für unsere Zeit" erkaufen, vereitelt auch diese Pläne. Am Ende resigniert Beck und reicht seinen Abschied ein. Auf Wunsch Hitlers macht er diesen Schritt jedoch zunächst nicht öffentlich – und nimmt ihm damit selbst die Symbolkraft.

Die nächsten Jahre verbringt Beck, der von den Pogromen des 9. November 1938 regelrecht geschockt ist, weitgehend zurückgezogen als Privatier in Berlin – argwöhnisch von der Gestapo beobachtet. Dennoch gelingt es ihm, einen Kreis von Widerständlern um sich zu scharen. Beck wird letztlich neben Carl Friedrich Goerdeler, dem ehemaligen Oberbürgermeister von Leipzig, zur zentralen Figur des Widerstandes, zum „politisch-militärischen Oberhaupt der Verschwörung" (so sein Biograph Klaus-Jürgen Müller). Zwei Ziele sind es, die

Beck verfolgt: Die Beendigung des Krieges, der längst nicht mehr zu gewinnen ist. Und der Sturz des nationalsozialistischen Regimes, dessen verbrecherischer Charakter für ihn längst offensichtlich ist. Beck bricht dabei völlig mit dem militärischen Wertekanon und wird zu einer treibenden Kraft eines Attentats und Staatsstreichs.

Der Verlauf und der Ausgang des Hitler-Attentats am 20. Juli 1944 sind einem breiten Publikum in großen Zügen bekannt – nicht zuletzt durch Hollywood-Filme wie den erst kürzlich erschienenen „Valkyrie", der das „Unternehmen Walküre" in allen Einzelheiten darstellt. Der Diktator überlebt den Anschlag leicht verletzt, und schon am Abend des gleichen Tages schlägt das Regime unerbittlich zurück. Der geplante Staatsstreich bricht in sich zusammen, seine Akteure werden gnadenlos verfolgt, viele in den folgenden Wochen in Schauprozesse vor den „Volksgerichtshof" gezerrt.

Beck selbst, der mit seinen Getreuen im „Bendlerblock" verhaftet wird, erhält noch am Abend des 20. Juli kurz vor Mitternacht die Gelegenheit zur Selbsttötung. Zweimal richtet Beck mit zitternden Händen die Pistole gegen sich, doch beide Schüsse sind nicht tödlich. Ein Feldwebel erschießt schließlich den schwer verletzten Generaloberst. Eilig werden die Leichen Becks und der übrigen Verschwörer, die mittlerweile standrechtlich erschossen worden sind, auf den Friedhof der Matthäi-Kirche in Schönefeld gebracht und bei Nacht und Nebel bestattet. Nicht einmal hier finden sie Ruhe: Auf Befehl Heinrich Himmlers werden die Leichname schon kurz danach wieder exhumiert, verbrannt und ihre Asche verstreut. Nichts soll an die Attentäter des 20. Juli erinnern.

Himmlers makabre Bemühungen sind erfolglos; Ludwig Beck gilt heute als einer der führenden Widerstandskämpfer. Die Deutsche Bundespost ehrte ihn mit einer Briefmarke, in Wiesbaden ist eine Schule nach ihm benannt, in Sonthofen eine Kaserne. Und die Stadt Wiesbaden vergibt den „Ludwig-Beck-Preis für Zivilcourage".

Friedrich von Bodenstedt –
der Schriftsteller brachte den
Orient nach Mitteleuropa

Er ist Weltenbummler und Universitätsprofessor, Künstler und Sprachwissenschaftler, Zeitungsredakteur und freier Schriftsteller. Er verbringt mehrere Lebensjahre als Lehrer in Moskau und Tiflis – und verarbeitet seine Begegnung mit den Kulturen des Kaukasus später in einem Bestseller. Er bereist das Osmanische Reich, den Balkan, Italien, die Schweiz, Frankreich und am Ende seines rastlosen Lebens sogar die USA. Er übersetzt Shakespeare ebenso wie Puschkin oder Turgenjew. Ruhe hat er erst gefunden, als er 1878 in Wiesbaden sesshaft wird und hier seine letzten Lebensjahre ganz dem literarischen Schaffen widmet. Und man kann Friedrich von Bodenstedt, den ruhelosen Reisenden, daher mit Fug und Recht zu den „großen Wiesbadenern" zählen.

Friedrich Martin Bodenstedt (das Adelsprädikat erhält er erst 1867 in Meiningen) wird am 22. April 1819 in Peine bei Hannover geboren. Er absolviert eine Kaufmannslehre, studiert Fremdsprachen und Geschichte in Göttingen. 1840 bietet sich ihm die Gelegenheit, als Privatlehrer für die beiden Söhne des russischen Fürsten Galizin nach Moskau zu gehen. Mehr als zwei Jahre lang kann Bodenstedt das Leben des russischen Adels genau studieren. 1843 führt ihn ein neues Engagement als Gymnasiallehrer nach Tiflis. Hier erlebt er aus nächster Nähe die Kämpfe der einheimischen Bevölkerung gegen die Russen mit, die er später in dem Buch „Die Völker des Kaukasus und ihre Freiheitskämpfe gegen Russland" beschreibt. Er studiert die Sitten und Gebräuche des Landes und schließt Freundschaft mit Mirza Schaffy, dem orientalischen Gelehrten. Unter dessen Namen wird er 1851 in Deutschland eine Sammlung eigener Gedichte veröffentlichen – „Die Lieder des Mirza Schaffy". Bodenstedt gibt sich hierbei lediglich als

Übersetzer aus, vermittelt orientalische Lebensweise nach dem Vorbild von Goethes „West-östlichem Divan". Das Buch wird ein Bestseller, erlebt zahlreiche Neuauflagen und macht Bodenstedt mit einem Schlag bekannt.

Doch bevor es soweit ist, hat Bodenstedt noch einige rastlose Jahre vor sich. 1845 kehrt er über Konstantinopel und Griechenland nach Deutschland zurück, bereist Italien und die Schweiz und versucht sich an wechselnden Orten als Zeitungsredakteur – so beispielsweise 1851/52 bei der „Weserzeitung" in Bremen. 1850 heiratet er Mathilde Osterwald, die Tochter eines kurhessischen Obersten. Es ist eine Liebesheirat, und es wird eine glückliche Ehe, die 42 Jahre andauert. Das Paar bekommt insgesamt fünf Kinder.

Eine Zeit wirtschaftlicher Sicherheit beginnt für Bodenstedt 1854, als ihn der bayerische König Maximilian II. als Professor nach München holt. Er unterrichtet dort slawische Sprachen, später auch altenglische Literatur. Und er übersetzt Sonette und Dramen von Shakespeare und anderen englischen Autoren – vielfach sogar als Erster.

1867 holt Herzog Georg II. von Sachsen-Meiningen Bodenstedt, den es schon in München ans Theater gezogen hat, in die kleine thüringische Residenzstadt und ernennt ihn zum Intendanten des Hoftheaters. Um Bodenstedts gesellschaftliche Stellung zu verbessern, verleiht er ihm auch den erblichen Adelstitel. Doch Bodenstedts Tätigkeit als Intendant bleibt letztlich Episode. Schon 1874 gibt er sein Amt wieder auf, um sich der freien Schriftstellerei zu widmen. 1878 lässt er sich in Wiesbaden nieder – wo bereits seit geraumer Zeit der drei Jahre ältere Schriftstellerkollege Gustav Freytag wohnt.

Bodenstedt führt ein gastliches Haus, pflegt in Wiesbaden viele Kontakte zu Künstlern und Literaten, zu Ansässigen und Kurgästen. Da er ganz auf den Ertrag aus seiner schriftstellerischen Tätigkeit angewiesen ist, ist er stets auf der Suche nach neuen Einnahmequellen. So wird er 1881 Herausgeber der „Täglichen Rundschau" – ein nur nomineller, aber lukrativer Posten, den er bis 1888 innehat. 1879/80 (nach anderen Quellen 1880-1882) unternimmt er eine Tour durch die Vereinigten Staaten. Die Reiseerlebnisse daraus veröffentlicht er 1882 in dem Buch „Vom Atlantischen zum Stillen Ozean". Zwischen 1888 und 1890 erscheinen noch Bodenstedts „Erinnerungen aus meinem Leben", die allerdings nur bis zum Jahr 1850 reichen.

Friedrich von Bodenstedt stirbt nach kurzer Krankheit am 18. April 1892 in Wiesbaden. Seine letzte Ruhestätte findet er auf dem Nordfriedhof. An den bekannten Schriftsteller und Übersetzer des 19. Jahrhunderts erinnert in Wiesbaden heute noch die Bodenstedtstraße zwischen Park- und Bierstadter Straße.

Carl Boos,

Stadtplaner und Baumeister des „Landesdoms"

S ie gilt als eines der Wahrzeichen der hessischen Landeshauptstadt: die neugotische Marktkirche. Im Zentrum der Innenstadt gelegen, direkt neben Schloss und Rathaus, ist der „Nassauer Landesdom" im Stadtbild bis heute überaus präsent. Und selbst aus der Ferne ist das dreischiffige, aus rotem Backstein errichtete Gotteshaus mit seinen fünf Türmen, deren höchster sich fast 100 Meter weit in den Himmel über Wiesbaden reckt, unübersehbar. Und unübersehbar erfüllte es damit auch den Wunsch der nassauischen Herzöge nach einer repräsentativen evangelischen Hauptkirche in ihrer Residenzstadt. Nicht ohne Grund gilt der Erbauer dieser Kirche bis heute als einer der bedeutenden Wiesbadener Architekten: Carl Boos.

Georg Christian Carl Boos wird am 8. September 1806 als Spross einer nassauischen Beamtenfamilie in Weilburg geboren. Sein Vater steht in Diensten des Hofes; seine Mutter ist eine geborene Tischbein, verwandt mit dem berühmten Maler. Und auch Carl Boos erbt offenbar reichlich von dem künstlerischen Talent. Er besucht zunächst die Volksschule in Weilburg, ab 1821 dann das Gymnasium. Nach der Reifeprüfung nimmt er ein Studium der Architektur in Karlsruhe auf. Zu seinen Lehrern gehört der großherzoglich badische Oberbaudirektor Friedrich Weinbrenner – einer der großen Architekten des Klassizismus, der unter anderem das Baden-Badener Kurhaus und zahlreiche öffentliche Gebäude in Karlsruhe errichtet hat. Weinbrenner ist von Boos angetan, den er als braven, talentvollen und fleißigen jungen Mann lobt. Aber bereits 1826 stirbt Weinbrenner, und Boos setzt sein Studium in Freiburg und schließlich in Heidelberg fort.

Das attraktive Angebot, in badische Dienste zu treten, lehnt Boos ab und kehrt zurück nach Nassau. Hier besteht er das nassauische Staatsexamen 1831 mit der Note „vorzüglich gut" und tritt anschließend in den Staatsdienst ein. 1835 wird er Akzessist für den Baubezirk

Wiesbaden. Doch schon ein Jahr später ist Boos wieder auf Reisen: Er fährt in die Rheinlande, nach Belgien und Holland, und er studiert speziell die Fabrikation von Backsteinen – ein Wissen, das ihm später beim Bau der Wiesbadener Marktkirche zugute kommen soll.

Noch im gleichen Jahr erhält Boos seinen ersten Bauauftrag: die Errichtung der Orangerie im Biebricher Schlosspark. 1838 bekommt er bei einem Wettbewerb den Zuschlag für den Bau des Ministerialgebäudes an der Ecke von Luisenstraße und Bahnhofstraße. Beruflich steigt Boos weiter auf: 1842 wird er zum Baurat ernannt, 1845 zum Dirigenten der Prüfungskommission für Hochbau sowie der Prüfungskommission für Straßen-, Brücken- und Wasserbau, 1849 zum Referenten der Ministerialabteilung für den Wasser- und Hochbau, Mitte der 1850er Jahre schließlich zum Oberbaurat.

Seinen größten Bauauftrag erhält Boos, nachdem Mitte 1850 die Mauritiuskirche in der Wiesbadener Innenstadt abbrennt. Auf einem Grundstück gegenüber dem Schloss soll Boos ein neues, dem gestiegenen Repräsentationsbedürfnis entsprechendes Gotteshaus errichten, und er hat dabei weitgehend freie Hand. Boos entscheidet sich, in Anlehnung an Schinkels Friedrichswerdersche Kirche in Berlin, für einen Backsteinbau im neugotischen Stil.

Ebenso mutig wie diese – für Wiesbaden damals ungewöhnliche – stilistische Entscheidung ist die Größe des Bauprojekts. Mit einer Innenlänge von 50 Metern, Seitentürmen von 58 Metern und Chortürmen von 73 Metern Höhe schafft Boos eine Kirche von damals gewaltigen Ausmaßen. Noch heute ist die Marktkirche Wiesbadens höchstes Gebäude. Dementsprechend lange dauert auch der Bau – fast zehn Jahre vergehen von der Grundsteinlegung im September 1853 bis zur Einweihung im November 1862.

Auch andere Arbeiten beschäftigen Boos während dieser Zeit – so beispielsweise eine Rheinregulierung zwischen Mainz und Walluf oder die Errichtung eines Mausoleums für die 1856 verstorbene Herzogin Pauline. Im gleichen Jahr stellt er auch einen Stadtentwicklungsplan auf, der im Norden und Osten eine lockere Bebauung mit Villen, im Westen und Süden hingegen eine geschlossene Bebauung vorsieht.

Gesundheitlich angeschlagen bittet Boos 1867, ein Jahr nachdem Nassau seine Unabhängigkeit verloren hat, um die Entlassung aus dem Staatsdienst. Ihm bleiben anschließend noch weitere 16 Lebensjahre. Carl Boos, der bedeutende klassizistische Architekt, stirbt am 18. Juli 1883 in Wiesbaden.

Johannes Brahms,

Schöpfer der „Wiesbadener Sinfonie"

Ein wenig kurzatmig, aber voller Elan schreitet der korpulente Mann mit dem markanten Rauschebart den steilen Weinbergsweg in Richtung Niederwald empor. Die Hitze des Sommertags ist hier im Rheingau besonders drückend, und nur notdürftig vor den Strahlen der Sonne schützt ein breitkrempiger Hut den 50-Jährigen, der ständig neue musikalische Themen vor sich hinsummt und das eine oder andere Mal die rechte Hand schwungvoll erhebt, als wolle er ein imaginäres Orchester dirigieren. Die Jungen in den winkligen Gassen der Rüdesheimer Altstadt haben sich wohl mehr als einmal gewundert über den kauzigen Mann, der an ausgedehnten Fußmärschen in landschaftlich schönen Regionen Gefallen findet – hier im Rheingau, aber auch am Zürichsee, am Thuner See, in Bad Ischl, in der Steiermark. Wohl kaum einer von ihnen ahnt, dass sie einen der berühmtesten Komponisten ihrer Zeit erblicken, der sozusagen im Spaziergehen bei der Arbeit ist und musikalische Themen ausarbeitet – und dass man den Weg, den er zu Füßen der gerade im Bau befindlichen „Germania"-Statue zurücklegt, mehr als 100 Jahre später einmal nach ihm benennen wird: als „Brahmsweg".

Ja, es ist ein schöner und zugleich ein äußerst produktiver Sommer, den Johannes Brahms 1883 auf Einladung des Ehepaares von Beckerath in Wiesbaden und im Rheingau verbringt. Er verliebt sich in die Sängerin Hermine Spies, die mit 26 Jahren gerade einmal halb so alt ist wie er. Aus der Romanze wird zwar keine Ehe, denn Brahms fühlt sich zu alt und schätzt durchaus seine Ungebundenheit. Aber das Resultat dieser Sommerfrische, an die Brahms später immer wieder gern zurückdenkt, ist unter anderem eine neue Sinfonie, die er heimlich schreibt. Seine dritte, und vielleicht sogar seine schönste – sie wird schon bald den Beinamen „die Wiesbadener" erhalten.

Dass Johannes Brahms einmal eine musikalische Karriere einschlagen wird, ist ihm praktisch schon in die Wiege gelegt, als er am 7. Mai 1833 in Hamburg zur Welt kommt. Sein Vater ist Kontrabassist im städtischen Orchester der Hansestadt, und schon bald zeigt auch der junge Johannes musikalisches Talent, das durch entsprechenden Unterricht kräftig gefördert wird. Schon mit 10 Jahren spielt er als Pianist bei Konzerten vor, und mit 13 Jahren muss er zum Lebensunterhalt der

Familie beitragen, indem er nachts in Kneipen musiziert. Parallel dazu bildet er sich weiter, fängt an zu komponieren und unternimmt erste Konzertreisen.

Prägend für sein weiteres Leben wird eine Begegnung mit Robert Schumann im Jahr 1853 in Düsseldorf. Schumann ist von Brahms' ersten Kompositionen begeistert und veröffentlicht in der „Neuen Zeitschrift für Musik" unter dem Titel „Neue Bahnen" einen begeisterten Aufsatz. Damit ist Brahms blitzartig bekannt – allerdings hat er es künftig auch schwer, dem gewaltigen Anspruch, den diese Vorschusslorbeeren bedeuten, immer wieder gerecht zu werden. Auch in anderer Hinsicht ist sein Besuch in Düsseldorf prägend. Über sein Verhältnis zu Clara Schumann, die er schwärmerisch verehrt und der er auch nach dem Tode Robert Schumanns eng verbunden bleibt, ist häufig spekuliert worden. Tatsache ist, dass Brahms trotz mehrerer halbherziger Anläufe bei anderen Frauen, so auch bei Hermine Spies, zeitlebens unverheiratet blieb …

Brahms' Karriere nimmt in den Folgejahren einen stetigen Weg nach oben. Drei Jahre wirkt er als Hofpianist und Chordirigent in Detmold, dann übernimmt er die Leitung eines Frauenchors in seiner Vaterstadt Hamburg. 1862 reist er zum ersten Mal nach Wien, wo ihm ein Jahr später die Leitung der Wiener Singakademie übertragen wird. Zwar gibt er dieses Engagement schon nach einem Jahr wieder auf – doch Wien soll schließlich die Stadt seines Lebens werden. Während sich Brahms' Hoffnungen auf einen Dirigentenposten in Hamburg nicht erfüllen, lockt Wien mit neuen Engagements. 1872 siedelt Brahms endgültig in die Donaumetropole über, leitet die Konzerte der „Gesellschaft der Musikfreunde", wenn auch nur für zwei Jahre. Längst ist Brahms als Pianist so erfolgreich, dass er auch ohne feste Engagements ein gutes Auskommen hat.

Persönlich bescheiden lebend, schätzt Brahms das Zusammensein in geselliger Runde. Dem Bier und dem Tabak spricht er gern und reichlich zu, und auch den Rheingauer Wein weiß er zu schätzen. Brahms pflegt einen ausgedehnten Freundeskreis, zu dem neben Clara Schumann auch die Dirigenten Hermann Levi und Hans von Bülow zählen, der Bach-Forscher Philipp Spitta, der Maler Anselm Feuerbach und auch der „Walzerkönig" Johann Strauß. Problematisch bleibt hingegen sein Verhältnis zu Richard Wagner, den er 1862 in Wien kennen lernt. Zwar erkennt er durchaus die Bedeutung seines Kollegen, und trotz aller Unterschiede scheint er ihn persönlich geschätzt zu haben. Doch die Musikkritik sorgt dafür, dass die beiden zu Antagonisten werden. Auf der einen Seite Brahms, der Sinfoniker, den viele in der Tradition Beethovens sehen. Und auf der anderen Seite Wagner, der Erneuerer, der „Zukunftsmusiker", der Schöpfer des Musikdramas.

1876 erlebt Brahms' erste Sinfonie ihre Uraufführung, 1877 seine zweite. Seine dritte Sinfonie in F-Dur op. 90 entsteht während seines Sommeraufenthalts in Wiesbaden. Es sind glückliche Wochen für den 50-jährigen Komponisten. Ursprünglich will er nur ein paar Tage bleiben bei seinen Freunden, dem musikbegeisterten Ehepaar Rudolf und Laura von Beckerath, doch schnell werden fünf Monate daraus. In einem Anwesen in der Geisbergstraße 19 (heute Schöne Aussicht 7) mietet er im Hochparterre vier Zimmer und einen Ateliersaal – ursprünglich wohnte hier der Maler Ludwig Knaus. Das Haus wird Brahms' Sommerdomizil auf dem „grünen Hügel", wie er die Lage in Anspielung auf Richard Wagners Bayreuther Festspielhaus bezeichnet: „Ich wohne hier reizend, aber als ob ich es Wagner nachtun wollte! Ursprünglich von Knaus als Atelier gebaut, ist es nachträglich zum hübschesten Landhaus geworden, und so ein Atelier gibt ein herrlich hohes, kühles, luftiges Zimmer!", schreibt er in einem Brief. Mit der Hausbesitzerin, der „Alten vom Berge", wie Brahms sie scherzhaft nennt, versteht er sich ausgezeichnet. Er genießt die herrliche Aussicht auf die Stadt, den schönen Garten mit den alten Bäumen – und die Möglichkeit, durch eine Gartenpforte ungesehen entschlüpfen zu können, wenn ungebetener Besuch erscheint. Gern wandert er durch den Taunus, hoch zur Platte oder auf den Neroberg. Die Wochenenden verbringt er zumeist mit den Beckeraths in Rüdesheim, wo diese ein Anwesen besitzen – und in Rüdesheim erlebt er im September 1883 auch die Einweihung der „Germania".

In Wiesbaden besucht er fast täglich die Beckeraths in der Adolfsallee 23, wo sich auch andere illustre Gäste wie die mittlerweile in Frankfurt lebende Clara Schumann, der Bariton Julius Stockhausen, der

Kapellmeister Louis Ehlert – und eben auch die Altistin Hermine Spies – einfinden. Laura von Beckerath beschreibt die vielen gemeinsamen Stunden wie folgt: „Brahms ist bei alledem unser Stammgast, er verbringt die meisten Abende der Woche bei uns und musiziert dann jedes Mal mit Rudolf und spielt mir alles von sich, was ich nur von Ferne andeute, und noch viel mehr! … Und so im kleinen befreundeten Kreis spielt er am allerschönsten und mit einer uns ganz überwältigenden Innigkeit. Welch eine Lücke wird in unserem Leben entstehen, wenn er Wiesbaden wieder den Rücken kehrt …"

Die Stunde des Abschieds kommt am 2. Oktober 1883. Brahms reist zurück nach Wien, wo noch im gleichen Jahr unter Hans Richter seine „Wiesbadener Sinfonie" zur Uraufführung kommt. Doch bereits Anfang des folgenden Jahres kommt Brahms erneut nach Wiesbaden, um die Sinfonie auch hier erklingen zu lassen – am 18. Januar ist es soweit, diesmal dirigiert der Komponist selbst. Noch mehrfach wird er in den folgenden Jahren nach Wiesbaden zurückkommen, doch stets nur für kurze Zeit. Aber an die schönen Sommermonate des Jahres 1883 denkt er noch lange zurück. Johannes Brahms stirbt am 3. April 1897 in Wien, wo er ein Ehrengrab auf dem Zentralfriedhof erhält. 1906 wird die Deutsche Brahms-Gesellschaft gegründet, die zweimal – 1912 und 1921 – Brahmsfeste in Wiesbaden veranstaltet. Hier erinnert seit 1986 auch die Brahms-Gesellschaft Wiesbaden an Leben und Werk des großen Komponisten.

Hans Bredow,

der „Vater des Rundfunks"

Traurig und erschöpft sitzt der massige Mann mit dem kantigen Schädel an seinem Schreibtisch. Immer wieder starrt er auf das leere Blatt Papier vor sich, während er durch das geschlossene Fenster Fetzen von Marschmusik und das Gröhlen aus tausenden von Männerkehlen zu hören meint. Es ist der 30. Januar 1933, und Hitler ist an diesem Tag zum Reichskanzler ernannt worden. Ein bitterer Tag für Hans Bredow, den überzeugten Demokraten, den Begründer des Rundfunks in Deutschland. Er ahnt wohl sehr genau, dass der Aufstieg Hitlers das Ende des freien Journalismus sein wird, dass das Regime sein Medium, das Radio, künftig zur Propaganda missbrauchen wird. Diesen Weg kann, diesen Weg wird er nicht mitgehen. Resigniert greift er zum Füllfederhalter, um sein Entlassungsgesuch zu formulieren ... Der Mittfünfziger, der aus Protest gegen Hitlers „Machtergreifung" noch am selben Tag sein Amt niederlegt, gilt da schon längst als „Vater des Rundfunks", als ein Pionier der Nachrichtentechnik. Er hat in Deutschland dem wichtigsten Massenmedium des frühen 20. Jahrhunderts den Weg gebahnt. Den Nazis hingegen steht er im Weg. Eine Haltung, die ihn zunächst sein Amt und dann zeitweise sogar seine Freiheit kostet – ihn, Hans Bredow, den Mann der ersten Stunde des deutschen Rundfunks.

Hans Bredow wird am 26. November 1879 im pommerschen Schlawe geboren. Nach dem Schulbesuch in Rendsburg studiert er zunächst an der Universität Kiel, dann an der Gewerbehochschule Köthen Physik und Elektrotechnik. Seine berufliche Karriere beginnt er 1903 als Starkstrom-Ingenieur bei der AEG. Doch bereits ein Jahr später wechselt er in die von AEG und Siemens gegründete Tochtergesellschaft Telefunken, die damals noch „Gesellschaft für drahtlose Telegraphie" heißt. Ihr Ziel ist der Aufbau einer Funkverbindung mit den

deutschen Überseeschiffen – eine echte Pionierarbeit, die Bredow 1908 die Leitung der Gesellschaft einbringt.

In den folgenden Jahren gelingt es Bredow, sich gegen die zunächst übermächtige Konkurrenz der Marconi-Gesellschaft (die damals den

Funkverkehr zur See dominiert) zu behaupten und schließlich ein weltweites Netz von Funkstationen aufzubauen. Kurz vor Ausbruch des Ersten Weltkriegs sind Nord- und Südamerika, die afrikanischen Kolonien sowie die deutschen Besitzungen in der Südsee durch ein Telegraphie-Netz mit dem Deutschen Reich verbunden. Der Seefunk auf deutschen Schiffen ist nun ebenfalls fest in der Hand der Telefunken.

Auch während des Ersten Weltkriegs arbeitet Bredow weiter an der Entwicklung eines weltweiten Funknetzes. So bietet er 1917 erfolgreich der niederländischen Regierung an, eine Funktelegraphie-Verbindung zu deren Kolonie in Java aufzubauen. Auch die erste Idee zu einem Unterhaltungsrundfunk soll ihm bereits während des Krieges gekommen sein – als Offizier bei der Funktruppe. Damals kommt er auf den Gedanken, die Soldaten in den Schützengräben durch Musik zu erfreuen, die von einem Sender im Hinterland übertragen wird – eine Idee, die allerdings auf keine große Gegenliebe bei den Vorgesetzten stößt.

Ende 1918 macht Bredow einen nächsten Karriereschritt, als er Vorsitzender des Direktoriums der Telefunken-Gesellschaft wird. Doch es ist seine vorerst letzte Position in der Wirtschaft. Denn das Reichspostministerium sucht einen Koordinator zum Aufbau eines „Reichsfunknetzes". Die Wahl fällt auf Bredow, der im März 1919 als Ministerialdirektor seine Arbeit aufnimmt und in den Folgemonaten die Funkverbindungen mit dem Ausland wiederherstellen kann.

Bereits seit dieser Zeit beschäftigt er sich erneut mit der Idee eines Unterhaltungsrundfunks, 1921 verwendet er in einem Vortrag zum ersten Mal öffentlich den Begriff „Rundfunk". Im gleichen Jahr wird Hans Bredow zum Staatssekretär für das Telegraphen- Fernsprech- und Funkwesen ernannt und mit der Organisation eines solchen Rundfunks beauftragt. Dessen Geburtsstunde schlägt dann nach Anfängen mit kommerziellen Wirtschaftsnachrichten am 29. Oktober 1923, als die spätere „Funk-Stunde AG" im Berliner Vox-Haus den regelmäßigen Sendebetrieb aufnimmt. Etliche weitere Unternehmen folgen in den kommenden Monaten, die dann 1925 unter dem Dach der „Reichs-Rundfunk-Gesellschaft" (RGG) zusammengefasst werden.

Deren Vorsitz übernimmt Bredow, seit 1926 ist er „Reichs-Rundfunk-Kommissar". Er hat damals bereits weiter gehende Vorstellungen von der Zukunft der Massenmedien: „Wenn bislang das Ohr der Vermittler ist, so wird es die Technik in kurzer Zeit dahin gebracht haben, dass auch das gedruckte Wort auf diese Weise übermittelt werden kann. In absehbarer Zeit werden wir auch die Bewegungen der Darsteller als Bilder auf beliebige Entfernungen übertragen können. Die Möglichkeit, seine eigene Zeitung und seinen Kinematographen im Hause haben zu können, ist für die Weiterentwicklung der Menschheit von geradezu ungeheurem Wert."

Den Aufbau des deutschen Fernsehens soll Bredow allerdings zunächst nicht weiter mitbegleiten können, denn noch am 30. Januar 1933 nimmt er seinen Abschied. Ein konsequenter Schritt, der ihn allerdings nicht vor Verfolgung schützt. Denn schon kurze Zeit später beginnt die Hetzjagd der Nazis auf den „Vater des Rundfunks". Im Herbst 1933 wird Bredow verhaftet und mit einigen Mitarbeitern vor Gericht gestellt – wegen angeblicher Korruption. Mehr als ein Jahr verbringt Bredow in Haft; 1938 wird das ganze Verfahren schließlich eingestellt.

Seinen vorläufigen Ruhestand verbringt Bredow in Wiesbaden, wo er sich Mitte der 1930er Jahre in der Lanzstraße 17 (heute Nr. 23) auf einem Hanggrundstück ein Wohnhaus im Stil der Neuen Sachlichkeit errichten lässt.

Aktiv wird Bredow erst wieder – mit 66 Jahren – im Mai 1945, als er für wenige Monate zum Regierungspräsidenten von Hessen-Nassau berufen wird und auch den Aufsichtsratsvorsitz von Buderus in Wetzlar übernimmt. Und auch für den Rundfunk in Deutschland bekleidet er bald wieder zentrale Positionen. Von 1949 bis 1951 hat er den Vorsitz im Verwaltungsrat des neu gegründeten Hessischen Rundfunks inne.

Hans Bredow stirbt 79-jährig am 9. Januar 1959 in Wiesbaden an einem Schlaganfall; seine letzte Ruhestätte findet er in Rendsburg. Für seine Leistungen hat er zahlreiche Ehrungen erhalten, beispielsweise das Große Verdienstkreuz mit Stern im Jahr 1954. Nach dem „Vater des Rundfunks" benannt ist auch das „Hans-Bredow-Institut für Medienforschung" in Hamburg.

Adolphus Busch,
der „Bierkönig"

Deutschland, im Sommer 2006. Die Fußball-Weltmeisterschaft versetzt das ganze Land über Wochen in einen kollektiven Freudentaumel, den man später als das „Sommermärchen" bezeichnen wird. Viele hundert Millionen Menschen aus aller Welt fiebern mit – zu Hause am Fernseher, in Gaststätten, vor den Großbildleinwänden. Und natürlich live in den zwölf WM-Stadien zwischen Hamburg und München. Das Bier, das die Fans dort ausgeschenkt bekommen, ist größtenteils kein deutsches. Das „Budweiser" oder kurz „Bud" kommt aus Amerika, von Anheuser-Busch. Doch was wohl die Wenigsten wissen: Der Braukonzern wurde ursprünglich von einem Deutschen gegründet – und zwar von einem Auswanderer aus Kastel.

Der spätere „Bierkönig" Adolphus Busch wird dort am 10. Juli 1839 geboren – als zweitjüngstes von 21 Kindern einer alteingesessenen Familie. Der Großvater ist Schiffer; der Vater, Ulrich Busch, wird in den Quellen als Gastwirt und Gutsbesitzer genannt, er handelt erfolgreich mit Weinen und Brauereibedarf. Adolphus kann höhere Schulen in Mainz, Darmstadt und Brüssel besuchen, er erwirbt sich kaufmännische Kenntnisse in Mainz und Köln. Doch schon 1857, mit 18 Jahren, lockt ihn die Ferne – Amerika, St. Louis, wohin es auch einen Teil seiner Familie gezogen hat. Zusammen mit einem Bruder gründet er dort 1859, finanziert durch das väterliche Erbe, ein Brauereibedarf-Geschäft.

Es ist eine Branche, in der er sein berufliches wie privates Glück finden soll. 1861 heiratet er die 17-jährige, aus Bad Kreuznach stammende Lilly Anhäuser. Ihr Vater, Eberhard Anhäuser, ein ehemaliger Seifensieder, besitzt in St. Louis die kleine „Bavarian Brewery", und er macht seinen tüchtigen Schwiegersohn schon wenige Jahre später zum Geschäftsführer. Mit Erfolg: Busch, der den Brauereibedarf-Handel zunächst parallel weiterführt, steigert die Jahreserzeugung in nur neun Jahren von 8.000 auf 35.000 Barrel (etwa 57.000 Hektoliter). 1875 wird die Firma

zur Aktiengesellschaft umgewandelt, und seit 1879 firmiert sie unter „Anheuser-Busch Brewing Association". Nach dem Tod seines Schwiegervaters wird Busch Präsident des Unternehmens. In den Folgejahren expandiert es immer weiter, 1907 beschäftigt die Brauerei bereits 6.000 Mitarbeiter, die jährlich 1.600.000 Barrel Bier produzieren – neben dem leichten hellen „Budweiser" (später einmal das meistverkaufte Bier der Welt) auch Marken wie „Faust" oder „Michelob".

Möglich wird der Siegeszug von Buschs Brauerei durch modernste Technik und geschicktes Marketing. Kreuz und quer reist der „supersalesman" durchs Land, um für seine Produkte zu werben. Früh setzt Busch auf Flaschenbier, das sich leicht überallhin transportieren lässt. Dank der Pasteurisierung kann es außerdem haltbar gemacht und damit ohne Qualitätsverlust im ganzen Land verkauft werden. Gerade in den südlichen Staaten der USA sind die Produkte von Anheuser-Busch begehrt; erst recht, seit der Firmenchef an strategischen Punkten entlang der wichtigsten Eisenbahnstrecken Eiskeller anlegt und das Bier gekühlt werden kann.

Busch diversifiziert sein Unternehmen immer mehr und erhöht die Fertigungstiefe. So gründet er eine Bierflaschenfabrik, kauft die Aktienmehrheit an der Kühlwagenfabrik St. Louis, erwirbt Kohlegruben in Illinois, eine Eisenbahnlinie sowie Beteiligungen an Banken. 1897 kauft er für eine Million Mark die Alleinrechte zum Bau des gerade erst erfundenen Dieselmotors in Amerika. Bereits ein Jahr später wird der erste amerikanische Dieselmotor gebaut, und als Präsident der Diesel Motor Company of America kann Busch lukrative Lizenzen weiterverkaufen. Zusammen mit der Schweizer Firma Sulzer gründet er später auch eine eigene Motorenfabrik.

Busch wird über die Jahre zu einem der reichsten Amerikaner. Bei seinem Tod wird sein Vermögen auf 60 Millionen Dollar geschätzt. Doch stets ist er auch Mäzen und Philanthrop, unterstützt etliche wohltätige Organisationen. Auch seiner alten Heimat bleibt Busch stets verbunden. Als 1882 ein Hochwasser auch Kastel überflutet, spendet er Geld zur Linderung der ärgsten Not. In späteren Jahren kommt er regelmäßig jeden Sommer im eigenen Salonwagen nach Langenschwalbach (Bad Schwalbach), wo er sich ein luxuriöses Domizil errichten lässt: die nach seiner Frau benannte „Villa Lilly", einen eleganten Fachwerkbau, der heute ein Therapiezentrum für Drogenabhängige beherbergt.

In seinem Feriendomizil stirbt Adolphus Busch am 10. Oktober 1913. Sein Leichnam wird in die USA überführt, wo er im Familien-Mausoleum in St. Louis bestattet ist. Lilly, mit der er insgesamt 13 Kinder hatte, lebt noch bis 1928. Buschs Erben setzen sein Werk zunächst fort, verkaufen aber nach und nach ihre Anteile an dem Firmenimperium. Anheuser-Busch ist heute, nach einer Übernahme durch die belgische InBev-Gruppe im Jahr 2008, Teil des weltweit größten Brauereikonzerns.

Wilhelm Dilthey,
von der Theologie zur Philosophie

Er war Theologe, Pädagoge, Schriftsteller und Wissenschaftler. Er war ein rastloser Arbeiter, dessen „Gesammelte Schriften" heute allein 30 Bände umfassen. Er gehört zu den herausragenden Philosophen des 19. und frühen 20. Jahrhunderts. Und er beeinflusste die wissenschaftstheoretische Diskussion, begründete die Erkenntnistheorie der Geisteswissenschaften und gilt als ein Hauptvertreter der Hermeneutik: Wilhelm Dilthey aus Biebrich.

Wilhelm Christian Ludwig Dilthey wird am 19. November 1833 in Biebrich als Sohn des nassauischen Oberhofpredigers und Kirchenrates Maximilian Dilthey geboren. Nach der Reifeprüfung, die er 1852 am Wiesbadener Gymnasium als Jahrgangsbester ablegt, studiert er in Heidelberg und Berlin, der Familientradition folgend, Theologie. 1856 legt er in Wiesbaden sein theologisches Examen ab, geht dann jedoch wieder nach Berlin. Dort besteht er das philologische Staatsexamen und tritt in den Schuldienst ein. Schon nach zwei Jahren gibt er die Arbeit am Gymnasium aber wieder auf, um fortan als freier Schriftsteller zu leben.

1864 promoviert er mit einer Arbeit über Schleiermachers Ethik und habilitiert sich noch im gleichen Jahr mit dem „Versuch einer Analyse des moralischen Bewusstseins". Zwei Jahre später wird er als Professor nach Basel berufen, 1868 dann nach Kiel, 1871 nach Breslau. Er zieht eine große Zahl von Studenten an, gilt schließlich als der Philosophie-Dozent mit der größten Hörerzahl. 1882 folgt schließlich eine Berufung nach Berlin – hier arbeitet Dilthey bis 1905, als er alle Lehrverpflichtungen aufgibt und fortan ganz für seine wissenschaftlichen Forschungen lebt.

Dilthey ist ein Workaholic, der täglich mindestens 12 bis 14 Stunden arbeitet – dementsprechend groß ist die Menge der unveröffentlichten Arbeiten, die die zu Lebzeiten publizierten Werke bei weitem

übersteigt. Dilthey arbeitet auf verschiedenen Gebieten – der Historie, der Literaturgeschichte, der Musik und der Geistesgeschichte. Und er schreibt eine Lebensgeschichte des Theologen und Philosophen Friedrich Schleiermacher.

Seine wichtigste Leistung liegt aber sicherlich auf philosophisch-systematischem Gebiet. Diltheys Ziel ist es, die Geisteswissenschaften von der Orientierung an den Naturwissenschaften zu befreien und für sie eigene methodische Grundlagen zu schaffen. 1883 erscheint seine „Einleitung in die Geisteswissenschaften. Versuch einer Grundlegung für das Studium der Gesellschaft und der Geschichte". Dilthey schafft damit die Basis für weitere wissenschaftstheoretische Diskussionen – zahlreiche namhafte Forscher greifen auf seine Gedanken zurück.

Wilhelm Dilthey stirbt am 1. Oktober 1911 (nach anderen Angaben am 30. September oder 3. Oktober) während eines Erholungsaufenthalts in Seis in Südtirol. Begraben wird er in seiner Biebricher Heimat. Nach Wilhelm Dilthey ist heute das älteste Gymnasium von Wiesbaden benannt – jene Schule, an der er 1852 sein Abitur abgelegt hat.

Fjodor Dostojewski,
der Spieler von „Roulettenburg"

Die Adresse des Finanzamtes dürfte jedem Wiesbadener Steuerzahler geläufig sein. Es residiert in der Dostojewskistraße 8. Ob Zufall oder nicht: Zumindest passt der Name des russischen Schriftstellers nicht schlecht zu der Behörde, bei der sich alles ums Geld dreht – so wie auch im Leben und Werk Dostojewskis. Da geht es um Schuld(en) und Sühne, aber auch um das Roulette-Fieber, das Mitte des 19. Jahrhunderts die feine Kurgesellschaft ergriffen hatte und auch Dostojewski um die letzten Ersparnisse bringt – und als Folge der Nachwelt einen großartigen Roman beschert. „Der Spieler" beschreibt detailgetreu die spezifische Atmosphäre der Kurstadt, die Dostojewski zwischen 1862 und 1871 insgesamt dreimal (nach anderen Angaben sogar viermal) besucht hat. Als „Roulettenburg" ist Wiesbaden in die Weltliteratur eingegangen.

Fjodor Michailowitsch Dostojewski wird am 11. November 1821 in Moskau geboren. Seine Familie entstammt verarmtem Adel, der Vater ist Arzt. Der junge Dostojewski verliert früh die Mutter und kurz darauf auch den Vater, der von einem Leibeigenen im Streit erschlagen wird. Dostojewski studiert an der Militärakademie in St. Petersburg Bauingenieurwesen. 1844 beginnt er mit der Arbeit an seinem Erstlingswerk „Arme Leute", das 1846 erscheint und ihn blitzartig berühmt macht. Doch schützt ihn diese Berühmtheit drei Jahre später nicht davor, aufgrund seiner Kontakte zu revolutionären Zirkeln verhaftet und zum Tode verurteilt zu werden. Immerhin: Im letzten Moment, direkt vor der Hinrichtung, wird das Urteil in vier Jahre Verbannung und Zwangsarbeit in Sibirien umgewandelt. Es folgen mehrere Jahre Militärdienst, in dem sich Dostojewski bis zum Offizier hochdient. 1857 heiratet er.

1859 kehrt Dostojewski, wegen epileptischer Anfälle aus dem Militärdienst entlassen, nach St. Petersburg zurück, wo er ein Jahr später die „Aufzeichnungen aus einem Totenhaus" veröffentlicht – ein Dokument seiner Verbannungszeit. Er gründet eine literarische Zeitschrift

und reist in den Folgejahren, vor allem nach dem Tod seiner Frau und seines Bruders 1864, mehrfach durch Europa. Hier lernt er auch das Roulette kennen, jenes Glücksspiel, das so schicksalhafte Folgen für den Autor haben soll. Zum entscheidenden Jahr wird 1865, als Dostojewski während seines Wiesbaden-Aufenthalts 3.000 Goldrubel durchbringt und damit praktisch mittellos ist.

Sein Verleger setzt ihm die Pistole auf die Brust: Weiteres Geld gibt es nur, wenn binnen kurzer Zeit ein neuer Roman fertig gestellt wird. Innerhalb weniger Wochen diktiert Dostojewski daraufhin seiner Stenographin (und späteren zweiten Ehefrau) Anna Snitkina das Buch „Der Spieler". Leidenschaft und Spielsucht, Geldgier, Eitelkeit und kühle Berechnung prägen die Handlung, die sich um einen bankrotten Ex-General, eine französische Lebedame, einen Comte, einen treuen Engländer und eine schwerreiche Großmutter dreht, deren Ableben der General in der Hoffnung auf eine große Erbschaft herbeisehnt. Das Ganze ist in Ich-Form geschrieben; hier kann Dostojewski seine eigenen Erlebnisse und Gefühle am Spieltisch verarbeiten und zeichnet quasi nebenbei ein buntes Panorama jener Epoche. Dostojewski kennt die Usancen und Schwächen der feinen Gesellschaft genau – vor allem die Furcht vor der Mittellosigkeit, die sofortige soziale Ächtung nach sich zieht. Er hat es selbst erlebt: Im „Hotel Viktoria" an der Ecke Rheinstraße/Wilhelmstraße, wo Dostojewski logiert, wird ihm postwendend der Platz an der Table d'hôte verweigert, als er einmal seine Rechnung nicht begleichen kann …

1867, ein Jahr nach dem Erscheinen von „Schuld und Sühne", heiratet Dostojewski Anna Snitkina. Aufgrund der erdrückenden Schuldenlast flüchten sie aber schon kurz darauf ins Ausland, wo sie insgesamt vier Jahre bleiben – darunter geraume Zeit in Dresden. Erneut verfällt Dostojewski der Spielsucht – nun zum letzten Mal. Und Dostojewski schreibt weiter. Es entstehen die Romane „Der Idiot" und „Die Dämonen". Erst 1871 kehrt das Ehepaar nach Russland zurück. Es gelingt allmählich, die Schulden abzubezahlen, und die letzten Lebensjahre werden die glücklichsten Dostojewskis. Er verfasst seine beiden letzten großen Werke, „Der Jüngling" und zuletzt „Die Brüder Karamasow".

Dostojewski stirbt, nicht einmal 60 Jahre alt, am 9. Februar 1881 in St. Petersburg. An seine Wiesbadener Zeit erinnert heute nicht nur ein historischer Roulettekessel in der Spielbank, sondern auch eine Büste im Kurpark. Und natürlich sein Roman, der am Beispiel Wiesbadens die wohl schillerndste Epoche des Roulette-Spiels in Europa wieder auferstehen lässt.

Konrad Duden,
der „Vater der deutschen Rechtschreibung"

Sein Name ist zum Synonym für die verbindlichen Regeln der Rechtschreibung geworden. Wann immer ein Zweifelsfall auftritt, wird gern der „Duden" zu Rate gezogen. Doch wer war eigentlich der Schöpfer des Wörterbuchs, das – in immer wieder aktualisierter Form – bis heute verbindlich für die deutsche Rechtschreibung ist?

Konrad Alexander Friedrich Duden wird am 3. Januar 1829 auf dem Hof Bossigt in der Nähe von Wesel geboren. Nach der Reifeprüfung in Wesel 1846 studiert er klassische Philologie, Germanistik und Geschichte in Bonn. Er beteiligt sich im Revolutionsjahr 1848 an den Demonstrationen der Burschenschaften und siedelt nach Frankfurt am Main über, wo er eine Hauslehrerstelle annimmt. Nach Stationen in England und der französischen Schweiz schließt er sein Studium 1854 mit einer Promotion über die „Antigone" von Sophokles ab.

Sein Referendariat in Soest unterbricht er schon bald, um eine Hauslehrerstelle in Genua anzunehmen. Er lernt die italienische Sprache – und er lernt in Messina Adeline Jakob kennen, die Tochter des dortigen preußischen Konsuls. Sie heiraten 1861, aus der Ehe gehen vier Söhne und zwei Töchter hervor.

1859 kehrt Duden in den Schuldienst nach Soest zurück und bringt es dort bis zum Prorektor. 1869 wechselt er als Direktor an das Gymnasium im thüringischen Schleiz, 1876 wird er Direktor des Gymnasiums „Klosterschule" in Bad Hersfeld. Diesen Posten hat er 29 Jahre inne, bis zu seiner Pensionierung 1905.

Mitte des 19. Jahrhunderts gibt es im deutschen Sprachraum noch keine einheitliche Rechtschreibung. In Preußen wird deshalb 1862 ministeriell gefordert, dass sich zumindest die Lehrer der jeweiligen Schule auf einheitliche Regeln verständigen. Für seine Schule in Schleiz lässt Duden diese 1871 im Druck erscheinen. 1872 folgt dann seine „Deutsche Rechtschreibung", die viel Beachtung findet.

45

Mit der Reichsgründung wird die Frage einheitlicher Rechtschreib-
regeln immer dringlicher. 1876 gibt es daher in Berlin eine orthographische Konferenz, zu der auch Duden eingeladen ist. Die Fachleute sind
allerdings in zwei Lager gespalten. Auf der einen Seite stehen die Verteidiger einer historisch-etymologischen Schreibweise. Auf der anderen
Seite gibt es die Phonetiker, zu denen auch Duden gehört. Sie fordern,
dass man Laute, die man nicht hört (zum Beispiel das Dehnungs-h),

auch nicht aufschreiben soll. Doch sie können sich letztlich nicht durchsetzen. Die „Puttkammer'sche Rechtschreibung" von 1880 lässt nur geringe Änderungen zu – wird aber dafür auch im Königreich Bayern akzeptiert.

Im Dienste der Vereinheitlichung stellt Duden seine weiter gehenden Wünsche zunächst einmal zurück. Sein Hauptwerk, das 1880 erschienene „Vollständige orthographische Wörterbuch der deutschen Sprache", folgt ganz der preußisch-bayerischen Linie. Und es macht Duden nun in ganz Deutschland bekannt.

Erst 1901 findet sich für Duden mit der zweiten Konferenz zur Verbesserung der Rechtschreibung dann doch noch eine Gelegenheit, seine Vorstellungen umzusetzen. Das Dehnungs-h verschwindet – lediglich im Wort „Thron" ist es auf allerhöchsten Wunsch bis heute geblieben, denn an dem will Kaiser Wilhelm II. auch sprachlich nicht rütteln lassen. Die neue Rechtschreibung findet Eingang in die mittlerweile siebte Auflage des „Duden" von 1902. Sie wird neben Deutschland auch in Österreich und der Schweiz verbindlich; somit hat nun der gesamte deutsche Sprachraum erstmals eine einheitliche Rechtschreibung.

Nach seiner Pensionierung zieht Duden im Alter von 76 Jahren nach Sonnenberg – von hier aus hat er es näher zu seinen Kindern, die alle im Rhein-Main-Gebiet wohnen. Ein gerade neu erbautes Haus in der Kaiser-Friedrich-Straße 16 wird zu seinem Altersruhesitz. Doch auch jetzt arbeitet Duden unermüdlich weiter, zumeist auf der bequemen Loggia im zweiten Stock des Hauses. 1907 kommt die zweite Auflage seines „Buchdrucker-Dudens" heraus, der erstmals 1903 erschienen ist. Duden führt eine rege Korrespondenz, er wird Vorstandsmitglied im Wiesbadener Zweig des Sprachvereins, nimmt am wöchentlichen Stammtisch des Vereins in der „Wartburg" teil und hält zahlreiche Vorträge. Höhepunkt seiner Sonnenberger Jahre sind die großen Feierlichkeiten zu seinem 80. Geburtstag am 3. Januar 1909.

Konrad Duden stirbt am 1. August 1911 in seiner Sonnenberger Wohnung. Beigesetzt wird er auf seinen Wunsch im Familiengrab in Bad Hersfeld. Seine Witwe bewohnt das Haus weiter bis zu ihrem Tod im Jahr 1924. Nach Konrad Duden, dem „Vater der deutschen Rechtschreibung", ist heute die ehemalige Burgschule in Sonnenberg benannt, außerdem eine Straße am Eingang des Goldsteintals.

Emil August Freiherr von Dungern,

Staatsminister und Sachwalter Herzog Adolphs

E r war mein Bester." Dieses große Kompliment soll Herzog Adolph auch viele Jahre nach dem Tod seines treuen Staatsministers immer wieder geäußert haben. Und tatsächlich gibt es in der nassauischen Geschichte des 19. Jahrhunderts wohl kaum einen Mann, der sich auch in kritischer Zeit so engagiert für die Belange des Herzogs und des Herzogtums eingesetzt hat wie Emil August Freiherr von Dungern, der gelernte Jurist und umsichtige Staatsmann.

Emil August Freiherr von Dungern wird am 29. Oktober 1802 im Weilburger Schloss geboren. Er ist das achte Kind von Friedrich Heinrich von Dungern, dem Erzieher des Erbprinzen Wilhelm zu Nassau-Weilburg. Der junge Emil August ist häufig kränklich, zeigt aber schon früh eine große Begabung. Er wird einige Zeit zusammen mit dem Erbprinzen erzogen, besucht dann das Gymnasium in Weilburg und studiert von 1820 bis 1824 Jura in Heidelberg und Göttingen.

1824 legt er in Wiesbaden ein hervorragendes juristisches Staatsexamen ab und beginnt als Akzessist in der Ministerialkanzlei eine Karriere im nassauischen Staatsdienst. In den folgenden Jahren steigt er rasch auf. 1829 wird er Ministerialassessor, 1832 Ministerialrat und Regierungskommissar. Von Herzog Wilhelm wird er darüber hinaus bereits 1826 zum Kammerjunker, 1832 zum Kammerherrn berufen. Dungern heiratet 1829 Charlotte Freiin Marschall zu Bieberstein, die Tochter des dirigierenden Staatsministers, und bezieht mit ihr ein Haus in der Schwalbacher Straße. 1831 wird ihr Sohn Otto geboren, doch schon 1832, nach der Geburt der Tochter Auguste, stirbt Charlotte. Dungern heiratet zwei Jahre später die ältere Schwester der Verstorbenen, Dorette Freiin Marschall zu Bieberstein, die ihm weitere fünf Kinder schenkt. Nach den Plänen des befreundeten Baurats Carl Boos lässt er sich 1841/42 an der Paulinenstraße neben dem Kurhaus inmitten eines großen Gartens ein Haus für seine Familie errichten.

Als Anfang 1834 der Staatsminister Freiherr Ernst Franz Marschall von Bieberstein stirbt, ist es kein Geringerer als der österreichische Staatskanzler Fürst Metternich, der dem Herzog Dungern als Nachfolger vorschlägt. Metternich, der regelmäßig die Sommermonate auf Schloss Johannisberg im Rheingau verbringt, hat das Wirken des jungen Juristen aus der Nähe beobachten können und hält ihn zu Recht für ein kommendes staatsmännisches Talent.

Doch der Herzog empfindet den Sohn seines früheren Erziehers als zu jung und beruft stattdessen den konservativen Grafen Karl Wilderich von Walderdorff zum Staatsminister. Dennoch ist Dungerns Rat geschätzt, und nach dem frühen Tod von Herzog Wilhelm beruft ihn dessen Sohn und Nachfolger, Herzog Adolph, zum weisungsbefugten Direktor der Ministerialkanzlei. Nach dem Rücktritt Walderdorffs übernimmt Dungern 1842 die Geschäfte und wird am 3. Dezember 1843 zum dirigierenden Staatsminister ernannt.

Zu den Aufgaben Dungerns gehören die Organisation der Hochzeitsfeierlichkeiten von Herzog Adolph mit der Großfürstin Elisabeth Michailowna im März 1844 sowie im Sommer die Verhandlungen um eine Rangerhöhung des Herzogs, der per Bundesbeschluss fortan das Prädikat „Hoheit" führen darf. Der vielseitig interessierte und äußerst gewissenhafte Dungern bringt in seinen Regierungsjahren eine Vielzahl wichtiger Infrastrukturprojekte auf den Weg, so die Eisenbahnlinien Wiesbaden-Rüdesheim und Höchst-Soden oder den Lahn-Tunnel bei Weilburg. Unter seiner Regierung wird in Nassau 1844 die allgemeine Wehrpflicht eingeführt und ein Gesetz zum Ausbau der höheren Lehranstalten erlassen. In den Krisenjahren 1846 und 1847 kümmert sich Dungern außerdem verstärkt um die Lebensmittelversorgung der Bevölkerung.

Als 1848 in Frankreich die Februarrevolution ausbricht und der „Bürgerkönig" Louis-Philippe gestürzt wird, kommentiert Dungern die Zeitungsberichte hellsichtig: „Jetzt haben auch wir die Revolution." Doch längst nicht alle teilen seine Besorgnis. Als Herzog Adolph am 27. Februar nach Berlin reist, um sich mit anderen deutschen Fürsten über die Eindämmung der revolutionären Bestrebungen zu beraten, gibt er seinem Staatsminister nicht die sonst üblichen Generalvollmachten. Ein folgenschwerer Fehler, denn von den Ereignissen der nächsten Tage wird der Herzog förmlich überrollt. Bereits am 2. März proklamiert der Sprecher der liberalen Opposition, August Hergenhahn (den Dungern persönlich im Übrigen sehr schätzt), vor mehreren tausend Menschen in Wiesbaden auf den Stufen des Theaters die „Neun Forderungen der Nassauer" – darunter Volksbewaffnung, Pressefreiheit, Religionsfreiheit, freies Versammlungsrecht, eine Reform des Wahlrechts und nicht zuletzt die Einberufung eines deutschen Parlaments.

Dungern, dem Hergenhahn die Forderungen überbringt, sind ohne Generalvollmacht die Hände gebunden. So kann er lediglich die allgemeine Volksbewaffnung und die Pressefreiheit bewilligen. Aber der Druck nimmt zu. Am 4. März versammeln sich rund 40.000 Menschen in Wiesbaden, um den „Forderungen" Nachdruck zu verleihen. Dungern bewilligt sie in Abwesenheit des Herzogs schließlich provisorisch. Doch radikale Gruppen drohen mit der Erstürmung des Schlosses, woran sie Dungern und Hergenhahn nur mit Mühe hindern können. Erst in letzter Minute trifft Herzog Adolph in Wiesbaden ein, bewilligt die Forderungen und entschärft so die Situation.

Dungern, der in dieser schwierigen Situation die Last der Verantwortung für das Herzogtum mehr oder weniger allein getragen hat, ist der Mann der Stunde. In den folgenden Tagen gießt er in Zusammenarbeit mit der Opposition die „Forderungen" in zwölf Gesetze und Verordnungen. Doch instinktiv spürt er, dass seine Zeit bereits vorbei ist: „… denn die Republikaner haben zu tief empfunden, welchen Damm meine Person ihnen entgegengesetzt hat. Es kann gar bald kommen, dass ich vom Schauplatz abtreten muss."

Bereits Ende März bittet Dungern freiwillig um seine Entlassung, die der Herzog mit großem Bedauern und „mit blutendem Herzen" schließlich bewilligt. Gut zwei Wochen später beruft er schließlich August Hergenhahn zum Präsidenten des Staatsministeriums.

Dungern zieht sich mit seiner Familie nach Weilburg zurück, bekleidet aber weiter führende Ämter und gehört nach wie vor zu den wichtigsten Beratern des Herzogs. Er behält seine Position als Mitglied des Staatsrates, und bereits 1850 wird er von Herzog Adolph ins Staatenhaus des Erfurter Parlaments entsandt. Dungern nimmt als Vertreter Nassaus auch an den Dresdner Konferenzen teil, auf denen über den künftigen Einfluss Österreichs und Preußens in Deutschland gerungen wird, und ist vom Mai 1851 bis zu seinem Tod 1862 Bundestagsgesandter in Frankfurt am Main – der höchste Diplomatenposten, den das kleine Nassau zu vergeben hat.

Nachdem ihn im Frühjahr 1862 ein Leberleiden für mehrere Monate ans Bett fesselt, stirbt Dungern am 3. August 1862. In aller Stille wird er auf dem Alten Friedhof in Wiesbaden beigesetzt; auch Herzog Adolph gibt seinem langjährigen treuen Sachwalter das letzte Geleit. Es bleibt die Erinnerung an einen klugen, fleißigen und persönlich bescheidenen Beamten, Diplomaten und Staatsmann, der sich um das Wohl seines Landes verdient gemacht hat.

Wilhelm Gustav Dyckerhoff,
Begründer der Zement-Dynastie

Es gehört zu den unvergesslichen Erlebnissen einer Atlantik-Überquerung mit dem Schiff: Wenn der Oceanliner frühmorgens in New York einläuft und in der Ferne die Skyline von Manhattan auftaucht, die sich dunkel vor dem orangefarbenen Morgenhimmel abzeichnet, dann zieht an Backbord die Freiheitsstatue vorbei, den metallenen Arm mit der Fackel wie zum Gruß erhoben. Ein überwältigender Anblick, bei dem kaum einer der Passagiere wohl daran denkt, dass das 1886 eingeweihte Monument auf Zement aus Amöneburg steht, genauer gesagt auf über 8.000 Fass besten Portland-Zements der Firma Dyckerhoff. Doch wer ist der Mann, dem die Freiheitsstatue ihr solides Fundament verdankt?

Wilhelm Gustav Dyckerhoff, der Begründer einer ganzen Zement-Dynastie, wird am 6. Oktober 1805 in Elberfeld geboren. Der Abkömmling eines westfälischen Ratsgeschlechts, das in den Jahrhunderten zuvor mehrere Baumeister hervorgebracht hat, absolviert eine kaufmännische Ausbildung und eröffnet schließlich in Mannheim ein Geschäft für Steingut und Porzellan. Er verkauft höchst erfolgreich Produkte der Firma Villeroy & Boch, deren Generalvertretung er schließlich fast zehn Jahre lang übernimmt.

1861 wagt Wilhelm Gustav Dyckerhoff noch einmal einen geschäftlichen Neuanfang auf einem völlig anderen Gebiet. Sein Partner ist Carl Brentano, der sich in seiner Hattenheimer Mühle mit der Zementherstellung beschäftigt und dort eine Fabrikation aufziehen will. Das Unternehmen misslingt, die Geschäftspartner trennen sich wieder. Aber Dyckerhoff will es weiter mit Zement versuchen: Zusammen mit seinen beiden Söhnen Gustav (geboren 1836) und Rudolf (geboren 1842) gründet er am 4. Juni 1864 in Amöneburg die „Portland-Cement-Fabrik Dyckerhoff & Söhne". Wilhelm Gustav Dycker-

hoff fungiert dabei als Geldgeber, Gustav übernimmt die kaufmännische Leitung, Rudolf die technische.

Aufträge wie beim Bau der Odenwaldbahn oder der Rheinbrücke
bei Mannheim festigen rasch den guten Ruf des Dyckerhoff-Zements.
Der große wirtschaftliche Durchbruch gelingt aber erst 1869, als das
Unternehmen sich in einer Ausschreibung gegen neun englische Kon-
kurrenten durchsetzt (Portland-Zement aus England genießt zu dieser
Zeit Weltruf) und den Auftrag der holländischen Staatseisenbahnen

erhält. Der niederländische Markt ist damit gewonnen, und weitere folgen in den nächsten Jahren. Zum größten Absatzmarkt entwickeln sich in der folgenden Zeit die USA; sie nehmen gegen Ende des Jahrhunderts fast ein Viertel der Jahreserzeugung von 600.000 Fass ab. Die Dyckerhoff-Werke beschäftigen zu diesem Zeitpunkt bereits rund 1.200 Arbeiter. Die Firma kauft dank Gustavs Initiative rechtzeitig eigene große Kalksteinbrüche und Tongruben in Amöneburg, um so die Rohstoffversorgung zu sichern.

Wilhelm Gustav Dyckerhoff stirbt am 16. Dezember 1894 mit fast 90 Jahren in Mannheim, wo er auch begraben wird. Seine Söhne setzen sein Werk fort. Wie schon ihr Vater, so sind auch sie ihren „Portländern" stets eng verbunden. So richten sie – lange vor der staatlichen Einführung – bereits 1864 eine Krankenkasse ein. Auch Wohnungen für ihre Arbeiter und Angestellten lassen sie bauen, eine Haushaltsschule für Frauen und Mädchen, eine „Kinderschule" und einen „Knabenhort". Sie sind Mitglieder der Stadtverordnetenversammlung, engagieren sich kirchlich und karitativ. Im Mai 1914 zeichnet die – damals noch selbstständige – Stadt Biebrich die beiden Dyckerhoff-Brüder mit der Ehrenbürgerwürde aus. Die Unternehmensleitung hatten sie bereits 1911 an ihre Söhne abgetreten. Rudolf Dyckerhoff stirbt am 23. Februar 1917, Gustav Dyckerhoff am 12. Januar 1923. Beide sind in Biebrich begraben.

Auch ein weiterer Bruder, Eugen Dyckerhoff (1844 – 1924), ist dem Unternehmen eng verbunden. 1866, mit gerade einmal 22 Jahren, tritt er nach Abschluss einer kaufmännischen Lehre in die ein Jahr zuvor von seinem Vater gegründete „Lang & Cie., Cementwaaren-Fabrik" in Karlsruhe ein. Doch erst als 1869 der unternehmerisch erfahrene Gottlieb Widmann hinzukommt, stellt sich der wirtschaftliche Erfolg ein. Um dem neuen Werkstoff weitere Absatzmöglichkeiten zu eröffnen, wird Eugen Dyckerhoff in den folgenden Jahrzehnten zu einem Wegbereiter des Betonbaus – ganze Brücken, Gasbehälter oder Wasserspeicher entstehen aus Stampfbeton. Eugen Dyckerhoff ist auch der Stifter des Galatea-Brunnens im Zentrum von Biebrich. Aus der „Dyckerhoff & Widmann KG", die ihren Sitz zwischenzeitlich nach

Biebrich verlegt hatte, ist der heute in München ansässige Baukonzern Dywidag hervorgegangen.

Der Zement- und Baustoffhersteller Dyckerhoff AG, der nach wie vor seinen Sitz in Wiesbaden hat, gehört heute mehrheitlich zur italienischen Buzzi Unicem Gruppe. Mit der „Dyckerhoff-Brücke", die in elegantem Spannbeton-Bogen die Einfahrt zum Schiersteiner Hafen überspannt, hat sich das Zement-Unternehmen zu seinem 100. Geburtstag ein bleibendes Denkmal gesetzt.

Herzogin Elisabeth Michailowna von Nassau,
vom Zarenhof nach Wiesbaden

Sie gilt als eines der Wahrzeichen Wiesbadens: die prächtige Kapelle auf dem Neroberg, deren fünf goldglänzende Kuppeln von zahlreichen Stellen in der Stadt schon von weitem zu sehen sind. Im Volksmund häufig als „Griechische Kapelle" bezeichnet, gehört die Kirche mit ihren Gläubigen bis heute zur deutschen Diözese der Russisch-Orthodoxen Kirche im Ausland. Erbaut wurde die Kirche als Grablege einer nassauischen Herzogin: Adolph von Nassau ließ die Kapelle auf dem Neroberg erbauen – er wählte diesen Ort, weil er die Kapelle von seiner Residenz im Biebricher Schloss aus immer vor Augen hatte. Als Erinnerung an seine junge Frau Elisabeth, mit der ihm nur ein einziges glückliches Jahr vergönnt gewesen war. Und als Erinnerung an seine kleine Tochter, die zu zart war, mehr als ein paar Stunden auf dieser Welt zu überleben …

Elisabeth Michailowna von Russland, Tochter des Großfürsten Michail Pawlowitsch, eines Bruders der Zaren Alexander I. und Nikolaus I., wird am 26. Mai 1826 im Moskauer Kreml geboren. Ihre Mutter, Großfürstin Elena Pawlowna von Russland, ist eine württembergische Prinzessin und die Schwester der nassauischen Herzogin Pauline, zu der Elena – eigentlich Helene – auch nach ihrer russischen Eheschließung engen Kontakt hält. Die beiden Schwestern treffen sich regelmäßig bei Kuraufenthalten und unternehmen gern gemeinsame Reisen. In Nassau wird diese politisch vorteilhafte Verbindung zum russischen Zarenhof gern gesehen. Als Adolph, Herzogin Paulines Stiefsohn, nach dem Tod seines Vaters anno 1839 im Alter von 22 Jahren die Herrschaft in Wiesbaden übernimmt, ist es zunächst nach wie vor Pauline, der die Aufgaben einer Landesmutter zufallen. Sie ist selbst erst 29 Jahre alt und unterstützt den jungen Herzog mit Rat und Tat. Sie ist es auch, die die ersten Bande zwischen Adolph und ihrer Nichte Elisabeth knüpft, die sie seit deren Kindheit kennt.

Pauline selbst hatte unter ihrem autoritären Ehemann gelitten und bezeichnet ihre Ehe später als „Leidensjahre" – eine Erfahrung, die sie niemandem wünscht. Als sie jetzt für ihren Stiefsohn nach einer passenden Frau sucht, lässt sie sich von den Interessen und Charakteren der beiden leiten, und sie meint, dass Adolph und Elisabeth gut zueinander passen würden. Pauline sollte Recht behalten: Als Adolph im Juli 1843 zum ersten Mal nach St. Petersburg reist, wo Elisabeth mit ihren zwei Schwestern aufwuchs, verliebt sich der junge Herzog in die 17-jährige Großfürstin, deren Schönheit weithin gerühmt wird. Adolph wird von der Familie des Großfürsten Michail freundlich aufgenommen, und auch Elisabeth ist dem nassauischen Herzog überaus zugetan. Die beiden verleben eine glückliche Zeit in Peterhof, der Sommerresidenz des Zaren. Schon im August reist Großfürstin Helene mit ihren drei Töchtern nach Baden-Baden, wo sie von Herzogin Pauline schon erwartet werden. Sie ist zufrieden, dass ihre Pläne Früchte tragen, und freut sich, mit Lili, wie die Großfürstin im Familienkreis gerufen wird, bald eine Verwandte in Wiesbaden zu haben. Die letzte Hürde zur Eheschließung ist genommen, als am 5. September 1843 Zar Nikolaus seine Einwilligung gibt.

Am 31. Januar 1844 wird die Hochzeit in St. Petersburg gefeiert. Das Paar bleibt noch ein paar Wochen in Russland, bevor es sich auf die dreiwöchige Reise nach Nassau macht. Als das Herzogspaar am 26. März 1844 in Wiesbaden einzieht, bereitet die Bevölkerung dem Herzog und seiner jungen Braut einen triumphalen Empfang. Festgedichte zu Ehren des Herzogspaars werden vorgetragen, Chöre stimmen Hymnen an, Würdenträger und Ehrenjungfrauen begrüßen das Paar, und das Volk am Straßenrand jubelt. Vor Adolph und Elisabeth scheint eine glänzende Zukunft zu liegen.

Das Paar residiert im Biebricher Schloss. Die Ehe der beiden ist überaus glücklich, und bald erwartet die junge Herzogin ein Kind. Allerdings zeigen sich immer häufiger Anzeichen einer Lungenerkrankung, die zunächst als solche weder erkannt noch behandelt wird. Mit fortschreitender Schwangerschaft stellt sich heraus, dass Elisabeth an Lungentuberkulose leidet. Unter Qualen wird die von der Krankheit geschwächte Herzogin am 27. Januar 1845 von ihrer Tochter entbunden – das kleine Mädchen stirbt noch am gleichen Tag. Nur Stunden später folgt ihr Elisabeth in die Ewigkeit.

Für Adolph bricht eine Welt zusammen. Vorläufig wird die Herzogin mit ihrem Kind in der Bonifatiuskirche bestattet, aber Adolph will ihr eine würdige Gedenkstätte widmen – eine, die das Andenken seiner geliebten Frau für Jahrhunderte sichert und die auch ihrem orthodoxen Bekenntnis entspricht. Er beschließt, für sie eine Grabkirche errichten zu lassen, und beauftragt den nassauischen Oberbaurat Philipp Hoffmann mit dem Bau. Zar Nikolaus gibt sein Einverständnis, die Mittel aus Elisabeths Mitgift dafür zu verwenden, und Hoffmann macht sich auf zu einer mehrmonatigen Studienreise nach Russland, von der er reich inspiriert nach Wiesbaden zurückkehrt. Am 25. Mai 1855 kann die Kirche auf dem Neroberg zu Ehren der heiligen Elisabeth, der Mutter Johannes des Täufers und Namenspatronin der Herzogin, feierlich geweiht werden. Wenig später wird der Sarg, in dem die Herzogin mit ihrem Kind bestattet wurde, in einer großen Prozession aus der Bonifatiuskirche in die Krypta der Russischen Kirche überführt.

Adolphs Wunsch, das Andenken seiner Frau zu bewahren, hat sich erfüllt. Noch heute erinnern die – vor kurzem erst restaurierten – im Sonnenlicht prächtig funkelnden Kuppeln an die einstmals engen familiären Beziehungen zwischen Wiesbaden und Russland. Und an die junge, strahlende Herzogin, der in Wiesbaden nur ein kurzes Glück beschieden war.

Remigius Fresenius,
der „Vater der analytischen Chemie"

Sein Name prangt heute auf Schokoriegeln, auf Mineralwasserfla-schen und Fertiggerichten. Viele unserer Lebensmittel tragen das Signet des „Institut Fresenius" – als werbewirksames Zeichen für geprüfte Qualität. Einem Millionenpublikum ist der Name Fresenius damit bekannt. Doch die wenigsten Supermarkt-Kunden und Fernseh-zuschauer dürften den Begründer des Instituts, Remigius Fresenius, kennen – und seine enge Verknüpfung mit der nassauischen und Wiesbadener Geschichte.

Carl Remigius Fresenius kommt am 28. Dezember 1818 in Frank-furt am Main zur Welt. Er entstammt einer protestantischen Pfarrers-familie; ein Vorfahr traute die Eltern Goethes und taufte auch den jun-gen Johann Wolfgang. Heinrich Fresenius, der Vater, ist hingegen Advokat, und auch Carl Remigius soll nicht den Weg der Theologie beschreiten. Nach dem Schulbesuch macht er in einer Apotheke in Frankfurt eine Lehre, und 1840 schreibt er sich an der Universität Bonn für das Fach Naturwissenschaft ein. Der junge Fresenius ist begabt: Bereits im zweiten Semester verfasst er eine Schrift, die zum Standardwerk eines ganzen Wissenschaftszweigs avanciert und in den Folgejahren etliche Neuauflagen erlebt: „Anleitung zur qualitativen chemischen Analyse".

Damit hat Remigius Fresenius sein Thema gefunden. Bereits 1841 wechselt er nach Gießen zu Justus Liebig, dem wohl bekanntesten Chemiker seiner Zeit. Drei Jahre, von 1842 bis 1845, ist Fresenius dessen Assistent. Seine Schrift wird als Doktorarbeit anerkannt (Liebig schreibt das Vorwort zur zweiten Auflage), und bereits 1843 wird er mit einer Untersuchung über die sichere quantitative Bestimmung von Arsen habilitiert. 1845 erhält Fresenius dann einen Ruf als Professor für Chemie, Physik und Technologie an das Nassauische Landwirt-

schaftliche Institut. Mit 27 Jahren ist Fresenius als Wissenschaftler fest etabliert – und baut in Wiesbaden systematisch sein Lebenswerk auf.

Die Landwirtschaftsschule auf dem Geisberg ist da erst wenige Jahre alt. 1818 gegründet und 1834 nach Wiesbaden verlegt, ist sie zu dieser Zeit das einzige landwirtschaftliche Institut weit und breit. Doch die Räumlichkeiten sind beengt. Schnell wird Fresenius klar, dass in den Gebäuden kein Platz für weiter gehende chemische Forschungen ist. Ein Gesuch an die nassauische Regierung, entsprechende neue Räume zu erhalten, wird abgelehnt. Fresenius weiß sich schließlich auf seine Art zu helfen: Auf eigene Kosten erwirbt er ein Haus im Steinhohlweg (heute Kapellenstraße 13) und bittet die Regierung anschließend erneut um finanzielle Unterstützung – für einen Aus- und Umbau zum Laboratorium.

Die Eigeninitiative zeigt Erfolg, das Geld wird bewilligt. Den Schülern vom Geisberg steht im neuen Gebäude fortan ein eigener Hörsaal zur Verfügung. Eröffnung ist am 1. Mai 1848 – mit fünf Schülern und einem Assistenten. Doch bereits vier Jahre später muss die „Alchimistenhöhle" ausgebaut werden, drei Jahre später dann erneut – diesmal wird das Nachbargebäude erworben. Mittlerweile sind es 50 Praktikanten aus dem In- und Ausland, die Fresenius in analytischer Chemie ausbildet. Das Institut analysiert zahlreiche landwirtschaftliche Produkte und auch die wichtigsten Mineralwässer des Herzogtums. Fresenius erhält immer mehr Aufträge aus Wirtschaft und Industrie, und das Institut festigt seinen Ruf als bedeutendstes deutsches Schiedslaboratorium mit internationalem Renommee.

Dank herzoglicher Subventionen kommt 1863 zu dem chemischen Laboratorium noch eine pharmazeutische Lehranstalt dazu. Doch einen Rückschlag gibt es 1866, als Preußen das Herzogtum annektiert. Den Pharmazie-Schülern wird die Anerkennung des Staatsexamens verweigert, da ihnen „das Studium ... nicht in gleicher Weise angerechnet werden" könne wie an einer staatlichen Universität.

Das Laboratorium entwickelt sich trotz solcher Einschnitte gut weiter: Wiederholt wird der Gebäudekomplex erweitert. Der rastlose Fresenius ist neben der Arbeit im Labor und der Lehrtätigkeit noch auf weiteren Feldern aktiv. Seit 1861 gibt er die „Zeitschrift für analytische Chemie" heraus, er engagiert sich in zahlreichen wissenschaftlichen Gesellschaften und Vereinen und widmet sich neuen industriellen Entwicklungen wie der Holzverkohlung. Auch in der evangelischen Gemeinde in Wiesbaden ist Fresenius engagiert, und er hat den Vorsitz der Wiesbadener Stadtverordnetenversammlung inne.

1884 zieht sich Fresenius aus der Leitung seines Instituts zurück, die er in die Hände seiner Söhne Heinrich und Wilhelm legt. 1892 wird er aufgrund seiner zahlreichen Verdienste zum Ehrenbürger der Stadt Wiesbaden ernannt. Remigius Fresenius, der „Vater der analytischen Chemie", stirbt hoch geachtet am 11. Juni 1897 in Wiesbaden. Sein Institut und seine Ausbildungsstätte existieren bis heute – wenn auch nicht mehr direkt in Wiesbaden. 1975 wurde das Institut nach Taunusstein verlagert, die Hochschule 1995 nach Idstein.

Gustav Freytag,

die glücklichen Jahre des großen Schriftstellers

B reitbeinig und überlebensgroß steht er da, ein Buch in der linken Hand, den marmornen Blick nachdenklich in die Ferne gerichtet: Der Mann, an den dieses Denkmal im Kurpark erinnert, zählt zu den bedeutenden Schriftstellern des 19. Jahrhunderts. Und er ist eng mit Wiesbaden verbunden: Hier verbrachte er, mittlerweile zu Ruhm und Geld gekommen, die letzten zwei Jahrzehnte seines Lebens, hier ging er mit 75 Jahren noch einmal eine Ehe ein. Das milde Klima tat seiner Gesundheit gut, und er genoss das kosmopolitische Flair der Kurstadt. Er liebte das gesellschaftliche Leben, war selbst sehr gesellig und ging gern im Kurpark spazieren – eben dort, wo heute sein Denkmal steht. Die Wiesbadener Jahre waren vielleicht die glücklichsten im Leben des Schriftstellers, Journalisten und Kulturhistorikers Gustav Freytag.

Gustav Freytag ist einer der großen Söhne Schlesiens: Geboren wird er am 13. Juli 1816 im niederschlesischen Kreuzburg. Er besucht das Gymnasium in Oels und studiert ab 1835 deutsche Philologie in Breslau (wo er Schüler von Hoffmann von Fallersleben wird, dem späteren Dichter des Deutschlandliedes) und in Berlin. 1838 wird er promoviert, und bereits ein Jahr später legt er in Breslau seine Habilitationsschrift vor. Eine Berufung des jungen Privatdozenten auf eine außerordentliche Professur scheitert jedoch. Da Freytag aber längst nicht nur wissenschaftliche, sondern auch schriftstellerische Ambitionen hegt, verzichtet er schon bald auf die akademische Karriere. 1847 zieht er nach Dresden, wo er die Bekanntschaft zahlreicher Künstler seiner Zeit macht – auch die des Komponisten Richard Wagner, eines anderen „großen Wiesbadeners".

In dieser Zeit hat sich Freytag bereits einen Namen als Schriftsteller gemacht, vor allem mit den Gedichten „Bilder aus dem Volke" und dem Lustspiel „Die Brautfahrt oder Kunz von der Rosen". 1847 folgt

das Schauspiel „Die Valentine", das ihm einen durchschlagenden und lang anhaltenden Bühnenerfolg bringt.

Mit der Revolution von 1848 erwacht das politische Interesse Freytags. Er schlägt sich allerdings nicht auf die Seite der Revolutionäre, sondern wird ein Repräsentant des norddeutschen nationalliberalen Bürgertums. Er favorisiert die deutsche Einigung in Form der kleindeutschen Lösung unter Preußens Führung, wird 1866 gar Deputierter der nationalliberalen Partei. Gegenüber Bismarck bleibt er allerdings zeitlebens skeptisch und distanziert. Hingegen verbindet ihn viel mit dem liberal gesinnten preußischen Kronprinzen (und späteren „99-Tage-Kaiser") Friedrich, der ihn während des Krieges von 1870/71 sogar als Berichterstatter in sein Hauptquartier einlädt.

1848 ist auch das „Geburtsjahr" des kritischen Journalisten Gustav Freytag. Er wird Mitherausgeber der Zeitschrift „Die Grenzboten" – einer Publikation, die trotz geringer Auflagenzahlen zu einem führenden Organ des bürgerlich-nationalen Liberalismus wird. Freytag schreibt zahlreiche Aufsätze zu politischen, historischen und literarischen Themen. Sein kulturhistorisches Schaffen gipfelt schließlich in dem fünfbändigen Werk „Bilder aus der deutschen Vergangenheit" (1859-1867). Aber er bezieht auch politisch Stellung. Kritische Artikel über die Niederschlagung des schlesischen Weberaufstandes führen schließlich sogar dazu, dass er in Preußen steckbrieflich gesucht wird.

Freytag, seit 1847 verheiratet, geht nach Thüringen, wo er 1851 das Gut Siebleben bei Gotha kauft und sich weitgehend aus der Öffentlichkeit zurückzieht. Hier, in der ländlichen Abgeschiedenheit, kann er sich ganz der Schriftstellerei widmen. Ein freundschaftliches Verhältnis verbindet ihn mit Herzog Ernst II. von Sachsen-Coburg und Gotha, der ihm den Hofratstitel und das (wohl nie ausgeübte, aber Schutz vor politischer Verfolgung bietende) Amt eines herzoglichen Vorlesers verleiht. Wohl bekanntestes Stück aus jener Epoche ist Freytags Lustspiel „Die Journalisten" (1853).

Nach und nach verlagert sich in den folgenden Jahren Freytags Arbeit auf die Romane. 1854 erscheint „Soll und Haben", ein Roman aus dem Kaufmannsmilieu und ein vielschichtiges Gesellschaftspanorama seiner Zeit. Während das Buch von Bürgerfleiß und redlicher Arbeit handelt, geht es im folgenden Roman „Die verlorene Handschrift" (1864) um die dekadente Hofwelt. Höhepunkt seines Schaffens ist schließlich der Romanzyklus „Die Ahnen" (1873-1881), der die Geschichte einer deutschen Familie von der Zeit der Germanen bis in die Gegenwart beschreibt.

Von seinem 60. Lebensjahr an verbringt der Erfolgsschriftsteller die Wintermonate in Wiesbaden, da seine Gesundheit angegriffen ist und ihm das milde Klima gut tut. Wiesbaden wird ihm schließlich im Alter zur zweiten Heimat – wie auch vielen anderen wohlhabenden Pensionären der Kaiserzeit. Zunächst bewohnt Freytag ein Haus in der Biebricher Allee 7, 1881 zieht er schließlich in eine 1868 gebaute spätklassizistische zweistöckige Villa im Hainer Weg 12. Sein Domizil baut er zu einer veritablen Künstlerbehausung aus, er empfängt viele Gäste, pflegt Freundschaften und gilt als umgänglich und gesellig. Der populäre Literat ist ein geschätzter Bewohner der Kurstadt, den man häufig im Kurpark antrifft. Auch wandert er gern durch den Rheingau, dessen Landschaft und Weine er schätzt.

Zu Freytags 70. Geburtstag ehrt ihn die Stadt mit einem besonderen Geschenk und benennt den Hainer Weg in „Gustav-Freytag-Straße" um. Eine Ehre zu Lebzeiten, für die der solcherart gefeierte Dichter sich gerührt wie auch bescheiden bedankt: „Dass Sie dem stillen Gast, der sich müde nach langer Lebensreise unter den Bäumen Ihrer schönen Stadt niedergelassen hat, so gütigen Anteil entgegenbringen, ist mir eine Freude und Ehre, welche ich lebhaft empfinde." Auch mit anderen Ehren wird der Erfolgsschriftsteller überhäuft – so mit der Friedensklasse des Ordens „Pour le Mérite". 1887 veröffentlicht Freytag noch seine Memoiren unter dem Titel „Erinnerungen aus meinem Leben".

Gustav Freytag stirbt 79-jährig am 30. April 1895 an einer Lungenentzündung. Wie groß die Trauer über seinen Tod ist, zeigt die breite Anteilnahme: Die Honoratioren der Stadt versammeln sich in seinem Haus, der Kaiser schickt einen Abgesandten, und eine Musikkapelle sowie zahlreiche Bürger begleiten den Sarg auf dem Weg zum Bahnhof. Seine letzte Ruhestätte hat Gustav Freytag in der Familiengruft in Thüringen gefunden. Heute erinnern die Gustav-Freytag-Straße sowie das Denkmal im Kurpark, das auf Veranlassung seiner schlesischen Landsleute 1905, zehn Jahre nach seinem Tod, errichtet wurde, an den großen Schriftsteller, Journalisten und Kulturhistoriker.

Felix Genzmer,

Stadtbaumeister und Schöpfer des Staatstheater-Foyers

Walzerklänge füllen den hohen Raum mit den neobarocken Stukkaturen, elegante Paare drehen sich im Takt der Musik des Johann-Strauß-Orchesters. In den lauschigen Fensternischen sitzen junge wie alte Paare an kleinen Tischen, haben Kaffee und Torte vor sich und betrachten interessiert das Geschehen auf der Tanzfläche. Es gibt in Wiesbaden wohl kaum einen eleganteren Rahmen für einen nachmittäglichen Tanztee als das Foyer des Staatstheaters mit seiner geschwungenen Freitreppe, seinen großen Fensterflächen und den breiten Wandelgängen. Heute vielleicht noch mehr als bei seiner Erbauung im Jahr 1902 beeindruckt der Saal mit seiner neobarocken Opulenz, seinen Deckengemälden von Kaspar Kögler und seinen Marmorapplikationen. Und so ist dieser prächtige Raum, den während der abendlichen Opern- und Theateraufführungen hunderte von Besuchern bevölkern, die vielleicht schönste Referenz für seinen Schöpfer: den Architekten Felix Genzmer.

Felix August Helfgott Genzmer wird am 22. November 1856 in Labes (Pommern) geboren. Er studiert an den Technischen Hochschulen in Hannover und Stuttgart und tritt anschließend in die Dienste der Reichseisenbahn von Elsass-Lothringen. Hier sammelt er erste Erfahrungen, errichtet Betriebs- und Wohngebäude. Von 1887 bis 1891 arbeitet er dann in der Bauverwaltung der Stadt Köln, wo er sich vor allem mit Schulbauten befasst, und geht anschließend als Stadtbaumeister nach Hagen in Westfalen.

Den vorläufigen Höhepunkt seines Schaffens erreicht Genzmer aber erst in Wiesbaden, wo er seit 1894 tätig ist und wo er städtebauliche Akzente in der schnell wachsenden Kurstadt setzt, die das Stadtbild bis heute prägen. So bei der Errichtung neuer Wohnviertel wie des

Feldherren-, Rheingau- und Dichterviertels, deren Planungen er leitet. Zu seinen Bauwerken gehören das (im Zweiten Weltkrieg zerstörte) Lyzeum neben der Marktkirche, die Schulen am Gutenberg- und am Blücherplatz und der Marktkeller. Auch die Errichtung des Römertors beim Durchbruch der Coulinstraße durch die Heidenmauer ist der Initiative Genzmers zu verdanken. Ein Großbauprojekt jener Tage geht freilich an einen Konkurrenten: Den Auftrag für das lange umstrittene neue Kurhaus gibt der Magistrat an Friedrich von Thiersch.

Dabei hat Genzmer erst kurz zuvor mit dem Foyer des Theaters sein Meisterstück abgeliefert. In wenigen Monaten errichtet, ist es rechtzeitig fertig für die „Kaiserfestspiele" (die heutigen Maifestspiele) im Frühjahr 1902. Und es findet allerhöchste Anerkennung – Kaiser Wilhelm II. ist beeindruckt und verleiht seinen Schöpfern Genzmer und Kögler den Roten Adlerorden.

Und der Initiative Wilhelms II. ist es wohl auch zu verdanken, dass der von Wiesbaden enttäuschte Genzmer bereits wenige Monate später einen Ruf nach Berlin erhält – als ordentlicher Professor für Baukunst an der Technischen Hochschule Charlottenburg und zugleich als leitender Architekt für die königlichen Theater. Schon zwei Jahre später wird Genzmer zum Geheimen Hofbaurat ernannt. Er genießt allerhöchste Protektion, baut das Innere des von Karl Friedrich Schinkel errichteten Berliner Schauspielhauses um und ist an den Planungen zum – letztlich nicht verwirklichten – Neuen Königlichen Opernhaus beteiligt.

Doch die Theaterbauten sind nur eine Facette im Werk des Felix Genzmer: Gemeinsam mit seinem Kollegen Josef Brix gründet er 1907 das Seminar für Städtebau, Siedlungs- und Wohnungswesen – die erste Einrichtung dieser Art überhaupt. Beide beteiligen sich an dem Wettbewerb für die Gartenstadt Frohnau am Rande Berlins – ein Großprojekt, das schließlich im Wesentlichen nach ihren Plänen ausgeführt wird. Neben seinem Interesse für städtebauliche Aspekte hat Genzmer aber auch stets einen Blick fürs Detail, entwirft Möbel, Leuchten, Schmuck und selbst Grabmonumente. Auch das Goldene Buch der Stadt Wiesbaden stammt von ihm.

In seinen späteren Jahren ist Genzmer als Gutachter und in vielen Wettbewerben als Preisrichter tätig. Er stirbt am 6. August 1929 in Berlin-Dahlem. Seine Bauten erinnern noch heute an den bedeutenden Architekten, der das Stadtbild Wiesbadens in einer entscheidenden Epoche geprägt hat.

Johann Wolfgang von Goethe,
in Wiesbaden traf er seine „Suleika"

Man bedarf in Wiesbaden nur einer Viertelstunde des Steigens, um in alle Herrlichkeit der Welt zu blicken." Der Mann, von dem diese Worte stammen, gilt als der größte deutsche Dichter. Er ist in seinem Leben viel herumgekommen in Europa – von Frankreich bis Schlesien und Böhmen, vom Harz bis nach Italien. Und er wusste, an welchen Plätzen man das Leben genießen und sich regenerieren konnte – etliche Badeaufenthalte des alternden Schriftstellers zeugen davon. So auch die Sommer 1814 und 1815, die Johann Wolfgang von Goethe in Wiesbaden verbracht hat.

Darf man Goethe deshalb gleich zu den „großen Wiesbadenern" zählen? Das Vorrecht, ihn als großen Sohn der Stadt zu bezeichnen, gebührt natürlich dem nahen Frankfurt am Main, wo der Dichter am 28. August 1749 „mittags mit dem Glockenschlage zwölf" auf die Welt gekommen ist. Oder auch der Musenstadt Weimar, wo Goethe lange als Minister gewirkt und die Geschicke des kleinen thüringischen Herzogtums maßgeblich mitbestimmt hat. Und doch sind auch die beiden Aufenthalte Goethes in Wiesbaden und im angrenzenden Rheingau eine prägende Zeit gewesen, die Spuren in seinem Leben und seinem Werk hinterlassen hat – vor allem in seinem „West-östlichen Divan".

Der erste der beiden Aufenthalte dauert vom 29. Juli bis zum 12. September 1814. Goethe, der nach dem Ende der napoleonischen Herrschaft und der Befreiungskriege die Gegend seiner Jugend und – auf Anregung des Kunstsammlers Sulpiz Boisserée – die kulturellen Stätten am Rhein besuchen will, ist zunächst unschlüssig, ob er überhaupt nach Wiesbaden kommen soll. Seine Freunde Karl Friedrich Zelter, der Leiter der Berliner Singakademie, und der Altphilologe Friedrich August Wolf überzeugen ihn schließlich, und der schon in Wiesbaden weilende Zelter bereitet alles für die Ankunft vor. Goethe,

der in Begleitung seines Dieners mit der Kutsche anreist und während
der Reise an seiner Gedichtsammlung „West-östlicher Divan" arbeitet,
steigt zunächst im Badehaus „Zum Adler" ab, bis am 5. August seine
Zimmer im „Bären" frei werden. Die Kurliste jener Woche listet die
Ankunft des „Hr. v. Göthe, mit Bed., Geheimerrath, von Weimar"
unter der Nummer 2926 auf.

Goethe integriert sich rasch ins Kurleben, nimmt eifrig Bäder, besichtigt die Sehenswürdigkeiten, trifft alte Bekannte und knüpft neue Kontakte. Er lernt den Bibliothekar Bernhard Hundeshagen kennen, dessen Bibliothek er mehrfach in Augenschein nimmt. Und er macht eine Begegnung, die für seine im Entstehen begriffene Gedichtsammlung von entscheidender Bedeutung sein soll: Am 4. August stellt ihm sein Freund, der Frankfurter Bankier Johann Jakob Willemer, seine Braut Marianne Jung vor. Goethe ist sofort angetan von ihrem Temperament und ihrer Anmut, und mehr noch als alle Bade-Anwendungen wird die Begegnung mit ihr zum Jungbrunnen für den alternden Dichter. Als „Suleika" hat er Marianne in seinen Versen verewigt, und sie hat – wie erst später bekannt wurde – selbst etliches zu dem Werk beigetragen.

In Wiesbaden feiert Goethe auch seinen 65. Geburtstag, und man macht ihm die entsprechende Aufwartung: ein „großes und überreichliches Frühstück" im Kursaal, mittags dann ein Essen mit der herzoglichen Familie. Die Familie Brentano schickt zehn Flaschen Wein und eine Einladung nach Winkel, die Goethe bereits vier Tage später annimmt. Bereits zuvor, am 16. August, hat er den Rheingau besucht. „Zu des Rheins gestreckten Hügeln, hochgesegneten Gebreiten" geht die Reise, die in der Beschreibung des „Sankt-Rochus-Fest zu Bingen" gipfelt. Reisebegleiter ist übrigens Oberbergrat Ludwig Wilhelm Cramer, der eine von Goethe sehr geschätzte Mineralien-Sammlung besitzt und den Dichter ein Jahr später auf seiner Reise an die Lahn begleitet.

Ein anderes, näher gelegenes Reiseziel ist der Geisberg – damals schon ein beliebter Ausflugsort mit kleinem Lokal. Goethe schätzt diesen Ort mit der schönen Aussicht, lässt sich hier oben gern ein Glas vom „Eilfer" (1811er) Wein kredenzen und fasst sein Behagen in der eingangs zitierten Sentenz zusammen.

Im Sommer 1815 kehrt Goethe nach Wiesbaden zurück, um erneut eine Badekur anzutreten. Die Umstände sind schwieriger als im Jahr zuvor – politisch wie persönlich. Napoleon versucht einen letzten Griff nach der Macht, der ganz Europa in Atem hält. Und in Weimar ist Goethes Frau Christiane schwer erkrankt, sodass die Reise zunächst in Frage steht.

Schließlich kommt Goethe doch noch, und wie schon im Vorjahr werden es produktive Tage, die vom 27. Mai bis zum 11. August dauern. Die üblichen Kur- und Badeanwendungen, Ausflüge (wieder häufig auf den Geisberg) und Lustbarkeiten werden diesmal überschattet von der militärischen Lage, bis in der Schlacht von Waterloo Mitte Juni Napoleons Schicksal endgültig besiegelt ist. Goethe erhält Anfang August in Wiesbaden sogar einen vom Kaiser verliehenen hohen Orden, und zwar das Kommandeurs-Kreuz des Leopoldsordens, das ihm Erzherzog Karl, der Kommandant der nahen Bundesfestung Mainz, überreicht.

Von Goethes Ausflügen mit Freunden und Bekannten in die Wiesbadener Umgebung ist einer besonders hervorzuheben, und zwar der nach Frauenstein am 6. Juli 1815. Goethe notiert: „Fahrt auf den Nürnberger Hof. Mittag auf dem Hofe. Im Freien schöne Aussicht. Quarzfelsen." Heute erinnert hier der pyramidenförmige „Goethestein" an den Besuch des Dichters. In unmittelbarer Nähe trägt sich auch eine kleine Begebenheit zu, die für den Dichter wenig schmeichelhaft ist. Zur Begleitung gehört Philippine Lade, eine gerade 18 Jahre alte Wiesbadenerin, die mit den Töchtern von Oberbergrat Cramer befreundet ist. Philippine nutzt den Ausflug zu einigen Landschaftszeichnungen. Goethe mustert das Ergebnis prüfend und fängt an, dies und das an den Zeichnungen zu kritisieren. „Ach! Sie können alles besser machen als ich", soll Philippine darauf geantwortet haben. „Aber eines kann ich, was Sie nicht können", und läuft geschwind den Weinberg hinauf. Der 65-jährige Goethe setzt ihr nach, stolpert und stürzt zu Boden. Ein paar Begleiter müssen dem Gestürzten wieder auf die Beine helfen, die junge Philippine ist untröstlich, aber Goethe kann sie schließlich beruhigen. Tragikomisches Ende eines Sommerausflugs!

Im Biebricher Schloss lernt Goethe auch Karl Reichsfreiherr vom und zum Stein kennen, den ehemaligen preußischen Staatsminister. Ihn besucht er wenig später auf seinen Besitzungen in Nassau an der Lahn, reist dann weiter nach Koblenz und mit dem Nachen weiter bis

Köln. Über Diez und Schwalbach kehrt Goethe schließlich nach Wiesbaden zurück, das er Mitte August für immer verlässt.

Zwar plant Goethe nach dem Tod seiner Frau einen weiteren Badeaufenthalt im Jahr 1816, doch schon in Erfurt dreht er um – ein Achsbruch der Kutsche erscheint ihm als böses Omen. Fortan kurt Goethe nur noch in Karlsbad und Marienbad, wo sich schließlich auch seine letzte Romanze zuträgt – mit der 17-jährigen Ulrike von Levetzow. Ihre Zurückweisung verarbeitet der tief getroffene Goethe in seiner „Marienbader Elegie".

Wiesbaden und den Rhein hat Goethe bis zu seinem Tod im Jahr 1832 nie wiedergesehen. Was bleibt, ist die Erinnerung an zwei schöne, schöpferische und erlebnisreiche Sommeraufenthalte des Dichters, die uns in vielen Zeugnissen überliefert sind.

Gräfin Sophie von Hatzfeldt,

„Skandalgräfin" und Lebensgefährtin Lassalles

In Wiesbaden war sie nach Hause gekommen. Zu ihrem Lieblings-
sohn, der sie mit offenen Armen aufgenommen hatte. Lang hatte es
gedauert, bis sie sich mit ihrer Familie ausgesöhnt hatte, aber gerade ihr
jüngster Sohn Paul hatte immer zu ihr gehalten, auch als manch einer
aus ihrer Familie die Nase gerümpft hatte über sie. Hier in dieser Stadt
mit dem milden Klima und den heißen Quellen hatte sie Frieden
gefunden. Hier war ein guter Ort, die letzten Jahre zu verbringen – und
dann die Augen für immer zu schließen.

So geschah es: Gräfin Sophie von Hatzfeldt starb am 25. Januar
1881 in Wiesbaden, dort, wo sie nach jahrzehntelanger rastloser Suche
endlich eine Heimat gefunden hatte. Sie hatte aufbegehrt gegen ihr
Schicksal, und das hatte ihr die Gesellschaft nicht verziehen. Doch sie
hatte nicht aufgegeben und nach langem Kampf endlich ihr Ziel
erreicht: die Scheidung von ihrem grausamen Ehemann. Das allein
war zu ihrer Zeit schon ein Skandal, und dass der unermüdliche Kämpfer für ihr Recht ein 20 Jahre jüngerer Revolutionär war, erst recht.
Doch an der Seite Ferdinand Lassalles fand sie Verständnis, Schutz und
eine Art von Liebe, die ihr das Leben lebenswert machte. Gräfin Sophie
von Hatzfeldt – eine große Frau, die in keine Schablone passt: Damals
nicht und heute auch nicht, und gerade das macht ihr Schicksal so ein-
zigartig.

Sophie Josepha Ernestine wird am 10. August 1805 im schlesischen
Trachenberg als dritte Tochter von Franz Ludwig Fürst von Hatzfeldt
zu Trachenberg und seiner Gemahlin Friderike geboren. Das Mädchen
erblüht zu einer auffallenden Schönheit – ein Grund dafür, dass ihr
Vetter, Edmund Graf von Hatzfeldt-Wildenburg, neben familienpoli-
tischen Erwägungen um die Hand der gerade erst 16-jährigen Sophie
anhält. Am Vorabend ihres 17. Geburtstags wird sie mit Edmund verheiratet. Doch die Ehe wird nicht glücklich: Schon bald demütigt und

misshandelt Edmund seine Frau. Auch die Geburt von zwei Söhnen und einer Tochter kann die Ehe nicht mehr retten; Edmund versucht, Sophie die Kinder weitgehend zu entziehen. Tatsächlich gelingt es Edmund, die beiden älteren Kinder der Mutter zu entfremden. Um ihren jüngsten Sohn Paul kämpft Sophie aber mit umso stärkeren Waffen.

Sophie braucht 24 Jahre, bis sie, verzweifelt und zutiefst verletzt, die Kraft findet, einen Schlussstrich unter ihr Martyrium zu ziehen. Sie sagt sich von ihrer Familie los, die sie im Stich gelassen hat, und bittet den Bankierssohn Felix Alexander Oppenheim um Rechtsbeistand. Oppenheim ist Anhänger Ferdinand Lassalles, dem er Einsicht in die Papiere der Gräfin gewährt. Zu Beginn des Jahres 1846 lernen sich die Gräfin und der 21-jährige Student im Salon des Grafen Keyserlingk kennen. Lassalle ist zutiefst berührt von Sophies Schicksal, bietet ihr seine Hilfe an und wird Sophies Vertrauter: Vor ihm muss sie ihr Elend und ihre Seelenqualen nicht vertuschen, und er, zwei Tage jünger als ihr ältester Sohn, wird zu dem Beschützer, nach dem sie jahrelang verzweifelt gesucht hat.

Lassalle unterbricht sein Studium, um mit ihr den spektakulärsten Scheidungsprozess des 19. Jahrhunderts durchzufechten. Vor 38 Gerichten ist er in erbitterten Prozessen der Rechtsvertreter Sophies. Fast ein Jahrzehnt dauert es, bis sie endlich als Sieger hervorgehen, und in dieser Zeit werden beide füreinander zum nicht zu ersetzenden Gegenüber, zum gegenseitigen Lebenselixier.

Über die Art des Verhältnisses zwischen dem jungen Revolutionär und der reiferen Gräfin ist viel spekuliert worden. Beide betonen immer wieder die tiefe, innige, von reinsten Motiven bestimmte Freundschaft; beide entdecken eine Art Seelenverwandtschaft, die sich im Fühlen und Denken des anderen widerspiegelt. Die Beziehung der beiden hat etwas von dem Verhältnis einer Mutter zu ihrem Kind oder dem eines Bruders zu seiner Schwester, aber ganz lassen sich Liebesahnungen nicht verdrängen. Lassalle nimmt Verhaftungen, Verleumdungen und die Minderung seines politischen Ansehens in Kauf, um der Gräfin beizustehen. Sie selbst ist vor Rufmord ebenso nicht sicher, hatte sie doch zu offensichtlich mit ihren gesellschaftlichen Kreisen gebrochen. Außerdem ist ihre Beziehung zu einem linken Revolutionär, der ihr Sohn hätte sein können, zumindest doppeldeutig. Als Lassalle zu ihr in ihr Düsseldorfer Haus zieht, um sie vor ihren Gläubigern zu schützen, ist der Skandal perfekt.

Die zahlreichen Prozesse, die die beiden gegen Sophies Ehemann führen, sind zum Teil von den politischen Strömungen und dem Hintergrund der 1848er Revolution begünstigt, dann aber auch wieder benachteiligt – Sophie identifiziert sich mittlerweile mit Lassalles politischen Anliegen, öffnet ihr Düsseldorfer Haus, das danach nicht selten Schauplatz polizeilicher Durchsuchungen wird, seinen Gesinnungsgenossen und ist selbst Teil der demokratisch-revolutionären Bewegung der Jahre 1848/49.

Am 11. August 1854 wird endlich die letzte Prozessakte geschlossen: Zwischen Edmund und Sophie von Hatzfeldt kommt ein Trennungsabkommen zustande, das die Gräfin finanziell unabhängig macht. Endlich ist sie frei!

Fast zehn Jahre hatten die Gräfin und Lassalle unter einem Dach gelebt; hatten den Alltag geteilt, doch die immer währenden Kämpfe des vergangenen Jahrzehnts zerren an den Nerven von beiden, und Spannungen bleiben nicht aus. Lassalle will die Krise durch eine vorübergehende Trennung beilegen und begibt sich auf eine dreimonatige Orientreise. Beide erkennen, dass sie, um ihr inniges Verhältnis vor der Zermürbung des Alltags zu bewahren, künftig eigenständiger leben sollten – diese Trennung, um das Wertvollste, was sie beide haben, zu schützen, lässt jeden für sich Umzugspläne schmieden: Lassalle will nach Berlin, wo das politische und wissenschaftliche Leben pulsiert, und auch Sophie zieht in die preußische Hauptstadt, wo ihr Sohn Paul lebt.

Auf einer gemeinsamen Reise nach Italien im Sommer 1861 lernen Sophie und Lassalle den ehemaligen preußischen Artillerieoffizier Wilhelm Rüstow kennen, der sich sofort in die Gräfin verliebt und sie heiraten will. Lassalle, der sich seinerseits auf mehrere Abenteuer eingelassen hat, reagiert zutiefst verletzt und reist ab.

1863 gründet Lassalle den Allgemeinen Deutschen Arbeiterverein; Sophie nimmt großen Anteil daran. In der Schweiz stürzt sich Lassalle in eine leidenschaftliche Affäre mit der jungen bayerischen Diplomatentochter Helene von Dönniges. Er will sie heiraten, wird aber von ihren Eltern abgewiesen. Daraufhin provoziert er ein Duell mit Helenes Verlobtem und wird dabei am 28. August 1864 schwer verletzt. Die Gräfin eilt an sein Totenbett, und sie ist es, die dem Freund am 31. August die Augen schließt.

Sophies Lebensinhalt wird es jetzt, Lassalles Andenken zu bewahren und sein Werk in seinem Sinne fortzusetzen. Sie versucht, im Arbeiterverein Einfluss zu nehmen, und schreckt nicht vor Intrigen zurück, wenn es darum geht, Lassalles Ideale zu erfüllen – innerlich verbindet die Gräfin mit dem Arbeiterverein nichts als die Liebe zu seinem Gründer. Sophies Lebensfreude ist mit Lassalles Tod erloschen. Rüstow kommt gegen den toten noch weniger als gegen den lebenden Lassalle an. Die Beziehung zwischen ihm und der Gräfin schläft allmählich ein, und als Rüstow im August 1878 seinem Leben ein Ende macht, reagiert Sophie gefasst. Ihre Lebenskraft, ihr politischer Eifer im Sinne Lassalles ist längst erlahmt. Sie siedelt zu ihrem Sohn Paul nach Wiesbaden über, wo sie am 25. Januar 1881 stirbt und ihre letzte Ruhestätte findet. Sie hatte ihr größtes Ziel erreicht, hatte den teuren Preis gern dafür bezahlt und ist dennoch niemals glücklich geworden.

Otto Henkell,

der Schöpfer des „Henkell Trocken"

Dezente Swing-Klänge perlen durch den Marmorsaal, mischen sich mit den Stimmen mehrerer hundert gut gelaunter Partygäste. Viele warten gespannt auf die Show- und Gesangseinlagen, die den prächtigen Räumen in der Henkell-Sektkellerei einmal im Jahr unnachahmliches Party-Flair verleihen. Doch der wahre Star des Abends hat sich längst schon unter das Publikum gemischt – fast jeder der Anwesenden hält ein Glas Sekt in der Hand. Egal ob Rosé, Brut oder gar eine alkoholfreie Sorte: Auf der jährlichen „Sektnacht" dreht sich natürlich alles um den schäumenden König der Weine. Prickelnder Sekt, kleine kulinarische Köstlichkeiten, etwas Glamour, flotte Musik und rasante Show-Einlagen verbinden sich zu einer gelungenen Cuvee und machen so das Erfolgsrezept der Veranstaltung jeden Oktober in der „längsten Nacht des Jahres" bei der Umstellung von Sommer- auf Winterzeit aus, deren geschenkte Extra-Stunde gern zum Feiern genutzt wird.

Kaum einer der Partygäste, der einen „Henkell Trocken" im Glas hat, wird sich an diesem Abend über den Schöpfer des Sektes Gedanken machen – und über den Bauherren des eleganten „Sektschlosses" an der Biebricher Allee. Erst seit Ende 2009 erinnert eine kleine Ausstellung an die Erbauung vor 100 Jahren – und an Otto Henkell, den Sektfabrikanten und rührigen Geschäftsmann.

Otto Heinrich Adolf Henkell wird am 20. Mai 1869 in Mainz geboren – als Spross einer ganzen Sekt-Dynastie. Sein Großvater, Adam Henkell, hat dort bereits 1832 eine Weinhandlung gegründet, der 1856 auch eine Sektfabrikation angegliedert wurde. Sein Vater, Rudolf Henkell, hat den Betrieb erfolgreich fortgeführt und das Auslandsgeschäft vorangetrieben. Otto Henkell besucht zunächst das großherzogliche Gymnasium in Mainz, wechselt dann 1885 mit der Unterprima-Reife an die Handelshochschule Antwerpen, wo er 1887

sein Examen ablegt. Da der Vater auf Fremdsprachen und Auslandser-
fahrung Wert legt, absolviert Otto Henkell zwei Lehrjahre in London
und verbringt anschließend noch neun Monate in New York. Mit dem
erworbenen praktischen Wissen aus dem Weinhandel tritt er 1891 als
Prokurist und 1892 – im Jahr seiner Hochzeit mit Katharina Michel
aus Mainz – als Teilhaber in die väterliche Firma ein, und schon bald
wird er das Unternehmen maßgeblich prägen.

Ein Paukenschlag gelingt ihm 1894 mit der Einführung einer
neuen Sektmarke: „Henkell Trocken", einer Cuvee aus 1892er Weinen.
Das neue Markenprodukt wird ein großer Erfolg; zehn Jahre später

füllt man bereits vier Millionen Flaschen ab, und 1910 liegt die Firma Henkell an der Spitze aller deutschen Sektkellereien. Seinen Siegeszug verdankt „Henkell Trocken" neben seiner hohen Qualität auch einer gezielten Werbekampagne. In „aktuellen Informationen", die in Tageszeitungen erscheinen, berichtet Henkell über die Sektherstellung, die Herkunft der Grundweine und den Umfang der Füllungen. Auch künstlerisch setzt Henkells Unternehmen Akzente: Die Produktwerbung in Illustrierten der damaligen Zeit wie „Jugend", „Simplicissimus" oder „Lustige Blätter" ist von den seinerzeit führenden Grafikern gestaltet, beispielsweise von Th. Th. Heine oder Olaf Gulbransson, mit dem Henkell auch persönlich befreundet ist.

Da die Produktionsstätten in Mainz allmählich zu klein und zu unpraktisch sind – man benötigt zuletzt nicht weniger als 50 separat angemietete und über ganz Mainz verstreute Keller – , sieht sich Henkell nach dem Gelände für eine neue, nach rationellen Gesichtspunkten geplante Kellerei um. Fündig wird er schließlich auf der rechten Rheinseite, im damals noch selbstständigen Biebrich. Die Wahl liegt nahe, denn schon 1905 bis 1907 hat sich Henkell in Wiesbaden ein Haus im englischen Landhausstil errichten lassen. Der Luxus der Kurstadt passt gut zu einem edlen Getränk wie dem Sekt, doch gibt es hier kein entsprechendes Betriebsgelände, und auch eine Fabrikation im großen Stil passt nicht so recht in die Stadt. Hingegen entspricht das Gelände in Biebrich, eine nahezu ausgebeutete Kiesgrube, perfekt den Wünschen Henkells, und auch die Verhandlungen mit dem Biebricher Bürgermeister, der zu Recht sprudelnde Steuereinnahmen erwartet, laufen reibungslos. So entsteht hier zwischen 1907 und 1909 nach dem Entwurf von Paul Bonatz das repräsentative und großzügige neue Kellereigebäude „Henkellsfeld", zeitgleich mit Wiesbadener Großbauten wie dem Hauptbahnhof oder dem Kurhaus. Das „Sektschloss", wie es auch gern genannt wird, ist heute unverändert genutzt und kann im Rahmen von Führungen oder Veranstaltungen besichtigt werden. Nicht nur in Biebrich, auch in der Champagner-Stadt Reims wird Henkell aktiv und lässt dort ebenfalls eine Kellerei erbauen, die allerdings nach dem Ersten Weltkrieg enteignet wird.

Henkell steuert das Unternehmen erfolgreich durch die schwierige Kriegs- und Inflationszeit. Er ist ein Firmenpatriarch im positiven Sinne, der hartnäckig seine Ziele verfolgt. So engagiert er sich auch im Verband Deutscher Sektkellereien, wo er gegen die Sektbesteuerung kämpft. Und er betätigt sich als Mäzen. Der kunstinteressierte Weltbürger ist mit vielen Künstlern seiner Zeit befreundet, so auch mit Paul Bonatz, dem Architekten seines „Sektschlosses".

Nach Otto Henkells Tod am 16. Juli 1929 übernimmt sein Sohn Stefan Karl das Unternehmen. Unter seine Ägide fällt die Erfindung des „Pikkolo", der kleinen 0,2-Liter-"Henkell Trocken"-Flasche, die den Sektgenuss für breite Kreise erschwinglich macht und kräftig beworben wird. Nach seinem Tod im Zweiten Weltkrieg geht die Unternehmensleitung an Otto Henkells Neffen Otto Hubertus Henkell über. Erst seit 1982 ist das Unternehmen, das heute pro Jahr 90 Millionen Flaschen produziert, nicht mehr in Familienbesitz, sondern Teil des Oetker-Konzerns.

August Hergenhahn,
„Märzminister", Jurist und liberaler Vorkämpfer

Wiesbaden, 2. März 1848: Rund 4.000 Menschen haben sich bei strömendem Regen vor dem Theater an der Wilhelmstraße versammelt. Die Menge dürstet nach Freiheit, nach Reformen. In Frankreich hat man erst wenige Tage zuvor den „Bürgerkönig" Louis-Philippe davongejagt und die Republik ausgerufen; in den süddeutschen Staaten werden liberale Programme verfasst. Nun soll, nun muss sich auch hier in Nassau etwas ändern! Gespannt wartet die Menge auf die Forderungen, die die liberale Opposition im Landtag aufgestellt hat. Als schließlich August Hergenhahn, der Führer der oppositionellen Abgeordneten, auf die Treppenstufen tritt, schallen ihm begeisterte Rufe wie „Vater" und „Volksfreund" entgegen. Und dann beginnt Hergenhahn die (aus heutiger Sicht sehr gemäßigten) „Neun Forderungen der Nassauer" zu verlesen – darunter Volksbewaffnung, Pressefreiheit, Religionsfreiheit, freies Versammlungsrecht, eine Reform des Wahlrechts und nicht zuletzt die Einberufung eines deutschen Parlaments. Die Menge ist begeistert, bricht in „Hoch"-Rufe aus. Und erteilt Hergenhahn den Auftrag, mit einer Deputation diese Forderungen dem Staatsminister Emil von Dungern zu überbringen. Der 2. März 1848 ist sicherlich eine der Sternstunden im politischen Leben des August Hergenhahn – auch wenn die große Bewährungsprobe erst in den folgenden Tagen und Wochen kommen soll.

Jakob Ludwig Philipp Franz August Hergenhahn wird am 16. April 1804 als jüngstes von sechs Kindern in Usingen geboren. Sein Vater, der Amtmann Johann Karl Salomon Hergenhahn, und seine Mutter, Johannette Christina Wilhelmina, geb. Vigelius, sterben schon bald nach seiner Geburt. Nur dank fürstlicher Zuschüsse kann der Vollwaise die Gymnasien in Idstein und Weilburg besuchen, bevor er in Göttingen und Heidelberg Jura studiert und Mitglied der Deutschen Bur-

schenschaft wird. 1824 wird der junge Jurist Prokurator am Hof-
und Appellationsgericht in Usingen, später in Wiesbaden. 1832 verlässt er aus Verärgerung über die reaktionäre Politik den Staatsdienst
und arbeitet als freier Anwalt – eine Tätigkeit, die ihm viel Zulauf und
mit der Zeit auch erhebliche Einnahmen beschert. Bereits 1829 hat er
Pauline Sulzer aus Magdeburg geheiratet, die Tochter eines Kaufmanns. Das Paar bekommt in den folgenden Jahren vier Söhne und
vier Töchter.

1841, in einer Zeit der Reformpolitik in Nassau, kehrt Hergenhahn in den Staatsdienst zurück und arbeitet als Prokurator am Oberappellationsgericht in Wiesbaden. 1846 wird er zum Deputierten in der nassauischen Ständeversammlung gewählt. Politisch kommt Hergenhahn schon früh in Kontakt mit den „rheinischen Liberalen", unter anderem mit Heinrich von Gagern (dem späteren Präsidenten des Paulskirchen-Parlaments), dem Mannheimer Unternehmer Friedrich Daniel Bassermann und dem badischen Hofgerichtsadvokaten Adam von Itzstein aus Hallgarten. In dessen Weingut tagen in loser Runde die Liberalen, beraten im „Hallgartener Kreis" mögliche politische Strategien, wobei Hergenhahn die Forderung nach einem deutschen Parlament in den Mittelpunkt stellt. 1847 beteiligt er sich an der Gründung der „Deutschen Zeitung" in Heidelberg, für die er auch als Berichterstatter aus Nassau tätig wird. Im Herbst des gleichen Jahres nimmt er als einziger Nassauer auch an der „Heppenheimer Versammlung" teil, einem historisch bedeutsamen Treffen von Liberalen des Vormärz mit dem Ziel, den Boden für ein deutsches Parlament zu bereiten.

Die Februarrevolution 1848 in Frankreich löst auch in Deutschland ein politisches Erdbeben aus. In Wiesbaden ist spätestens seit dem 29. Februar „alles in vollster Aufruhr". Hergenhahn formuliert als Führer der Opposition zusammen mit anderen Abgeordneten die „Forderungen der Nassauer", die er am 1. März auf Flugblättern verbreiten lässt. Einen Tag später, am 2. März, kommt es zu der Verlesung auf dem Theaterplatz.

Da der Herzog abwesend ist und keine Generalvollmacht erteilt hat, kann Staatsminister von Dungern lediglich Pressefreiheit und Volksbewaffnung bewilligen und die Ständeversammlung für den 6. März einberufen, damit diese über ein neues Wahlgesetz berät. Doch der Menge ist dies zu wenig. Um die Lage unter Kontrolle zu halten, bildet sich unter Hergenhahns Leitung ein Sicherheitskomitee, und eine Bürgerwehr wird aufgestellt. Für den 4. März – den Tag, an dem der Herzog aus Berlin zurückerwartet wird – wird eine Versammlung einberufen.

Der Zulauf übertrifft alle Erwartungen und wird zusehends bedrohlich. Mehr als 40.000 Menschen, darunter tausende aus Mainz, bevölkern die Straßen der Residenzstadt. Die Stimmung ist gereizt. Die

Menge wartet auf die Rückkehr des Herzogs und die Annahme der Forderungen. Erste Stimmen zur Ausrufung der Republik werden laut. Hergenhahn begibt sich gegen zehn Uhr vormittags mit zwölf weiteren Bürgern ins Schloss und lässt sich von Staatsminister von Dungern, der Herzogin Pauline und dem erst 15-jährigen Prinzen Nicolas die restlichen Forderungen provisorisch bewilligen. Der Menge reicht dieses jedoch nicht aus. Schon drohen radikale Gruppen, das Schloss zu stürmen. Hergenhahn fürchtet mit Recht ein Abgleiten in die Revolution – und stellt sich ihr mit Courage in den Weg. Nur über seine Leiche gehe der Weg ins Schloss, ruft er der wütenden Menge zu. Die Ankunft des Herzogs rettet schließlich die Situation: Adolph bewilligt die Forderungen, und die Menge zerstreut sich.

Auch in den folgenden Tagen tut Hergenhahn viel zur Beruhigung der Situation. Und er trägt dazu bei, dass Reformen stattfinden und dabei ein gemäßigt liberaler, aber streng konstitutioneller Kurs mit dem Ziel einer parlamentarischen Monarchie verfolgt wird. Am 6. März tagen die Stände, Hergenhahn wird zum Präsidenten der Deputiertenversammlung gewählt. Er gehört Ende des Monats dem Frankfurter Vorparlament an und wird Anfang April in den „Fünfzigerausschuss" gewählt, der die Vorbereitungen zur Wahl der deutschen Nationalversammlung überwachen soll.

Auf Vorschlag Emil von Dungerns, der Ende März zurücktritt, wird Hergenhahn am 15. April vom Herzog zum neuen Präsidenten des Staatsministeriums berufen. Als „Märzminister" bestimmt er fortan die politischen Geschicke des kleinen Herzogtums, verbringt aber viel Zeit in Frankfurt, nachdem er im Mai in das Paulskirchen-Parlament gewählt worden ist. Hergenhahn gehört schließlich auch zur Delegation, die – vergeblich – dem preußischen König die Kaiserkrone anträgt.

Nach der Ablehnung durch König Friedrich Wilhelm IV. und den preußischen Feldzügen gegen die Demokraten in Baden und der Pfalz zieht Hergenhahn politische Konsequenzen und tritt am 7. Juni 1849 als Minister zurück. Er versucht jedoch weiterhin, wichtige Punkte der Reichsverfassung durchzusetzen, so im Erfurter Unionsparlament.

Dennoch muss Hergenhahn mit ansehen, wie die Reaktion mehr und mehr wieder die Oberhand gewinnt, die Paulskirchen-Verfassung wieder außer Kraft gesetzt wird. „Die Reaktion ist hier so weit gediehen wie in wenigen anderen Staaten", schreibt er resigniert an seinen Freund Heinrich von Gagern. Von den neuen, stramm konservativen Kräften in Nassau wird Hergenhahn gemieden, lediglich der Herzog grüßt seinen ehemaligen Minister noch.

Hergenhahn kehrt in seinen alten Beruf zurück, wird Generalprokurator, wechselt zeitweise nach Dillenburg und kommt 1861 als Direktor des Hof- und Appellationsgerichts erneut nach Wiesbaden. Obwohl er sich aus der Tagespolitik heraushält, muss er sein hohes Amt 1863 infolge politischer Zwistigkeiten wieder aufgeben. Er wird jedoch zum Direktor der Nassauischen Landesbank ernannt.

Eine herausragende politische Stellung übernimmt Hergenhahn noch einmal, nach der Besetzung Nassaus durch Preußen 1866, als ihm für eine Übergangszeit die Leitung des Staatsministeriums und der Justizverwaltung übertragen wird. 1867 wird er dann Präsident des Hof- und Appellationsgerichts für den preußischen Regierungsbezirk Wiesbaden. Auch als Parlamentarier betätigt sich Hergenhahn noch einmal für kurze Zeit, als er als Vertreter der Nationalliberalen Abgeordneter im Reichstag des Norddeutschen Bundes wird.

August Hergenhahn, der bedeutende liberale Vorkämpfer und Parlamentarier, stirbt am 29. Dezember 1874 in Wiesbaden. Auch wenn sein Name zeitweilig in Vergessenheit geriet, so ist August Hergenhahn doch untrennbar mit den Jahren 1848/49 verbunden – als einer der damals beliebtesten und volkstümlichsten Politiker, ja, als Verkörperung der nassauischen Revolution schlechthin.

Ferdinand Hey'l,

Kurdirektor und Werber für die „Weltkurstadt"

Er gilt als der Prototyp des erfolgreichen Kurdirektors. Ein Viertel-jahrhundert lang prägte er das Image der Stadt und verhalf ihr zu überregionalem Renommee. Er gab Bücher und Reiseführer heraus, er verdiente sich Meriten als Journalist wie auch als Schauspieler. Bis heute ist Ferdinand Hey'l untrennbar mit dem Aufstieg Wiesbadens zur „Weltkurstadt" verbunden – ein Titel, den er ihr selbst gegeben hat. Ferdinand Hey'l wird am 7. Oktober 1830 in Koblenz geboren. Er macht zunächst Karriere als Schauspieler, debütiert in Magdeburg, steht in Braunschweig und Danzig auf der Bühne, zwischen 1856 und 1872 dann auch in Wiesbaden.

Hey'l erfreut sich großer Beliebtheit beim Theaterpublikum. Doch schon früh beginnt er auch eine publizistische Karriere. So stammt aus seiner Feder ein Erinnerungsblatt für das 3. Mittelrheinische Musikfest im Jahr 1858. Und Hey'l prägt schließlich auch die Bezeichnung Wies-badens als „Welt-Cur-Stadt".

1873 überträgt ihm die Stadt die Stelle als Kurdirektor. Er wird sie 24 Jahre lang innehaben, bis zu seinem Tod 1897. Hey'l ist ein umtriebiger Mann, der als Redner und Reiseschriftsteller den Ruhm Wiesbadens in der Fremde zu mehren weiß. Er sorgt dafür, dass die Kurstadt auch nach der Schließung der Spielbank weiter floriert. Das Kurorchester wird unter seiner Ägide zu einer festen Institution. Legendär wird sein fast jedes Jahr neu aufgelegter „Führer durch Wiesbaden und Umgebung". Bis in die 1930er Jahre gilt „der Hey'l" als Standardwerk für Wiesbaden-Besucher.

Hey'l ist ein Hansdampf in allen Gassen, der große publizistische Wirkung zum Wohle Wiesbadens entfaltet. Der als überaus humorvoll geltende Hey'l ist auch in vielen Ehrenämtern aktiv, schreibt Possen und Schwänke für das Theater und schmiedet Verse. So gehört er zu den Mitbegründern der Karnevalsgesellschaft „Sprudel", deren Präsi-dent er bis zu seinem Tod bleibt. Er ist auch türkischer Ehrenkonsul

und gehört zu den Wegbereitern der Errichtung des Niederwald-Denkmals oberhalb von Rüdesheim.

Seit 1896 ist Hey'l gesundheitlich angeschlagen, sucht Heilung in Karlsbad, kehrt dann nach Wiesbaden zurück. Hier stirbt er am 21. August 1897 an Herzversagen – man führt es auf die Querelen um den von Hey'l befürworteten Kurhaus-Neubau zurück, der freilich erst ein Jahrzehnt später fertig gestellt wird. Hey'l wird auf dem Nordfriedhof begraben.

1907 errichtet man für den beliebten und umtriebigen Kurdirektor ein Denkmal im Kurpark, nur wenige Schritte vom Kurhaus entfernt. Nach Ferdinand Hey'l ist auch einer der kleineren Salons im Kurhaus benannt – der Name des legendären Kurdirektors ist damit auch heute noch bei vielen Veranstaltungsbesuchern präsent.

Georg von Hülsen,
Theaterintendant und Freund des Kaisers

D er Kaiser war sein Freund. Er förderte ihn nach Kräften, machte ihn zum Intendanten des Wiesbadener Hoftheaters, später zum Intendanten der königlichen Schauspiele in Berlin. Eine Personalentscheidung, bei der der Kaiser eine glückliche Hand besaß: Denn bis heute gilt Georg von Hülsen als angesehener Theatermann, der die Wiesbadener „Kaiserfestspiele" etabliert und maßgeblich geprägt hat.

Georg Graf von Hülsen wird am 15. Juli 1858 in Berlin geboren. Sein Vater ist Botho von Hülsen, Generalintendant der königlichen Bühnen. So kommt der junge Georg schon von Jugend an mit Theaterluft in Berührung.

Ab 1879 ist Hülsen Offizier im Gardekürassier-Regiment, der angesehensten militärischen Einheit seiner Zeit. Er ist persönlicher Adjutant des Generals und Schriftstellers Prinz Georg von Preußen, und er macht die Bekanntschaft mit dem fast gleichaltrigen Kaiser Wilhelm II. Auf dessen Initiative wird Hülsen 1893 die Intendantur der königlichen Schauspiele in Wiesbaden übertragen.

Aushängeschild werden ab 1896 die Maifestspiele, die damals als „Festspiele auf allerhöchsten Befehl" bezeichnet werden, als „Kaiserfestspiele". Die Idee kommt freilich nicht vom Kaiser selbst. Es ist vielmehr der Festspiel-Gedanke Richard Wagners, der 1876 die ersten Bayreuther Festspiele ins Leben gerufen hat – eine die auch in anderen Städten Anklang findet. Hülsen greift diese Idee auf und entwirft „Festspiele im Frühling", für die die aufstrebende Kurstadt den passenden Rahmen und seit 1894 auch ein elegantes neues Theatergebäude bietet.

Den künstlerischen Schwerpunkt bilden häufig Wagner-Opern wie „Der Fliegende Holländer", auch wenn der Kaiser Wagners Musik nicht allzu sehr schätzt. Beliebter ist hingegen Carl Maria von Webers „Oberon", dessen Inszenierung im Jahr 1900 ein großer Erfolg wird.

Den Glamour erhalten die Festspiele aber nicht durch die erstklassigen Sänger, Musiker und Dirigenten, sondern vor allem durch die Anwesenheit des Kaisers selbst. Die Mai-Besuche in Wiesbaden gehören viele Jahre lang zum Reise-Pflichtprogramm des Monarchen.

Hülsen setzt auf prunkvolle und üppige Bühnenbilder ganz im Geschmack der Zeit – und des prachtliebenden Kaisers, der das Programm selbst mitbestimmen und sogar in Detailfragen der Ausstattung mitreden will. Der Aufwand ist immens: Für die Bühnenbilder zu Mozarts „Zauberflöte" etwa werden Fotos aus Ägypten sowie Vorlagen aus dem Ägyptischen Museum in Berlin herangezogen.

In seiner gut 10-jährigen Amtszeit verschafft Hülsen dem Wiesbadener Theater internationalen Ruf – und erhält für seine Verdienste schließlich sogar die Ehrenbürgerwürde der Stadt. Der Intendant ist ein belesener, eleganter und liebenswürdiger Mann, der selbst mit schwierigen Künstlern geschmeidig umzugehen weiß. Zwar führt der ehemalige Offizier im Theater ein strenges Regiment, das schon kleinste Vergehen wie beispielsweise lautes Türenzuschlagen oder privates Sprechen auf der Bühne mit sofortigen Geldstrafen ahndet. Doch trotz aller Disziplin ist Hülsen dank seines Gerechtigkeitssinnes und seiner Fairness bei den Mitarbeitern geachtet.

1903 wird Hülsen zunächst stellvertretender, später dann Generalintendant der königlichen Schauspiele Berlin und Wiesbaden und der königlichen Hofmusik. Im gleichen Jahr kommt noch die Leitung der Intendantur der königlichen Schauspiele in Kassel hinzu, 1908 zusätzlich die der Bühnen von Hannover. Trotz dieser Arbeitsbelastung an wechselnden Orten bleibt Hülsen Wiesbaden eng verbunden und übt sein Amt bis 1918 aus.

Erst, als in der Novemberrevolution die Throne stürzen, die Republik ausgerufen wird und Wilhelm II. ins Exil geht, wird auch sein Schützling Hülsen abgesetzt. Er stirbt knapp vier Jahre später, am 21. Juni 1922, in Berlin.

Carl von Ibell,

der Oberbürgermeister prägte das Gesicht der Stadt

Ob Kurhaus oder Hauptbahnhof, Rathaus oder Kaiser-Friedrich-Bad: Fast alle bedeutenden öffentlichen Bauten Wiesbadens, aber auch die Villenviertel und die Wohnbezirke am Ring und im Westend haben eines gemeinsam. Sie sind alle innerhalb derselben Epoche entstanden – und zwar unter der Ägide eines Mannes: Oberbürgermeister Carl von Ibell, dem wohl bekanntesten und prägendsten Stadtoberhaupt.

Carl Bernhard von Ibell wird am 8. Juli 1847 in Bad Ems geboren. Seine Familie hat sich seit Generationen um das Herzogtum Nassau verdient gemacht und dafür den Adelstitel erhalten; sein Großvater, Carl Friedrich Emil von Ibell, war Regierungspräsident von Nassau und später der Landgrafschaft Hessen-Homburg gewesen. Carl von Ibell besucht das Wiesbadener humanistische Gymnasium und beginnt anschließend ein Studium der Rechtswissenschaften, unter anderem in München und Berlin. 1870/71 nimmt er als Kavallerist am Krieg gegen Frankreich teil. Seit 1872 arbeitet er als Referendar, seit 1876 als Assessor bei der Staatsanwaltschaft in Frankfurt am Main. 1878 wird er in Jena zum Dr. jur. promoviert und nimmt noch im gleichen Jahr eine Tätigkeit als Rechtsanwalt in Frankfurt auf.

Gerade einmal 36 Jahre alt, bewirbt sich Ibell fünf Jahre später um die vakante Stelle des Ersten Bürgermeisters von Wiesbaden, das damals erst gut 50.000 Einwohner zählt, aber als Kur- und Badestadt bereits einen internationalen Ruf hat. Am 1. August 1883 tritt er sein Amt an. Es ist eine Phase rasanten Wachstums, das Wiesbaden in der zweiten Hälfte des 19. Jahrhunderts zur „Weltkurstadt" werden lässt. Und ein Wachstum, das Ibell zu einem großen Teil mitbegleitet – seit dem 10. Juli 1886 übrigens als Oberbürgermeister, zu dem ihn ein allerhöchster Erlass befördert hat.

Ibell wird rasch zum wohl glänzendsten Repräsentanten der Kurstadt, in der die Hohenzollern ein- und ausgehen. „Carl der Prachtlie-

bende" – so soll Kaiser Wilhelm II. anlässlich der Einweihung des Theater-Foyers 1902 den hoch gewachsenen ersten Bürger der Stadt scherzhaft genannt haben. Aber dies ist letztlich ein Missverständnis. Zwar weiß Ibell zu repräsentieren, und die Stadt nimmt unter seiner Ägide einen nie zuvor gekannten Aufschwung. So entstehen unter anderem auch das neue, von Hauberrisser entworfene Rathaus, das Landeshaus, die Landesbibliothek, das Museum, die Hotels am Kranzplatz, die Hauptpost und das Gerichtsgebäude – um nur einige wenige zu nennen.

Doch trotz seines Spitznamens bleibt „Carl der Prachtliebende" persönlich bescheiden. Der bei offiziellen Anlässen so unnahbar wirkende Mann übt sein Amt vielmehr „in würdiger Zurückhaltung und unbeirrbarer Energie" aus. Zu Ibells Wesen passt auch das Haus in der Humboldtstraße 26, das er sich 1896 errichten lässt. Damals am Rande der Stadt gelegen, fällt die zweistöckige Villa deutlich kleiner aus als die umgebenden Gebäude. Trotz des Repräsentationsanspruchs bleibt es so das Domizil eines Beamten voller preußischer Korrektheit und Bescheidenheit.

Ibell fördert die Entwicklung Wiesbadens nicht nur architektonisch. Bewusst setzt er die Steuern niedrig an, um wohlhabende Bewohner anzulocken. Gerade unter Pensionären ist die Stadt äußerst beliebt, viele verbringen im milden Klima Wiesbadens ihren Lebensabend. Eine forcierte Entwicklung der Industrie steht hingegen nicht auf Ibells Agenda – ganz im Gegenteil: Er ist der Ansicht, dass Industrieansiedlungen eher kontraproduktiv für das Image und das gesunde Klima der Kurstadt sind. So unterbleibt auch die Eingemeindung heutiger „Industrie-Stadtteile" wie Biebrich. Das geschieht erst 1928 – lange nach dem verlorenen Ersten Weltkrieg und in einer schwierigen wirtschaftlichen Lage.

Fast 30 Jahre lang bleibt Ibell im Amt, dann entscheidet er sich zum Rückzug, um Platz für einen Jüngeren zu machen. Zum 1. April 1913 lässt er sich auf eigenen Wunsch in den Ruhestand versetzen. Anlässlich seines Ausscheidens aus dem Dienst erhält er die Ehrenbürgerwürde der Stadt, die er in drei Dekaden so nachhaltig geprägt hat. Ibell, der wohl bekannteste Oberbürgermeister aus der Glanzzeit der „Weltkurstadt", stirbt am 22. November 1924 in Wiesbaden.

Alexej von Jawlensky,
Meister der klassischen Moderne

Die Augen des Mannes – oder ist es eine Frau? – sind geschlossen. Über der geraden Nase zerfurcht eine tiefe Falte das Gesicht, der Mund scheint kummervoll zu einer geraden Linie verzogen. Es ist das Antlitz eines Schmerzgeplagten, der Welt Abgewandten, faszinierend und abstoßend zugleich. Das Kreuz steht dem Dargestellten deutlich ins Gesicht geschrieben – vielleicht ist es der Gekreuzigte selbst, der im Angesicht seines qualvollen Todes die Augen schließt. Pastellflächen und selbst ein orangefarbener Klecks, leicht mit der aufgehenden Sonne assoziierbar, täuschen den Betrachter des Gemäldes nicht über die Tiefe der Botschaft hinweg, die der tief gläubige russische Maler eindringlich vermittelt. Als „moderne Ikonen" hat man denn auch seine „Meditationen" bezeichnet – sie zeigen die gleiche Unbeweglichkeit und Eindringlichkeit wie ihre traditionellen Vorbilder, nehmen sogar ihre direkt-frontale Darstellungsweise auf.

Einfache und kraftvolle Formen zeichnen das Spätwerk von Alexej von Jawlensky aus. Ab 1934 stellte er bis fast zur Abstraktion reduzierte Gesichter dar, die er selbst „Meditationen" nannte. Häufig auch mit extrem grobem Auftrag von kräftigen Farben, manchmal mit zarteren Pastelltönen. Diesen „Meditationen", ihrem Ausdruck einer zutiefst verinnerlichten Empfindung, ist die besondere Bedeutung Jawlenskys für die Kunst des 20. Jahrhunderts vor allem geschuldet.

Er gilt als einer der großen Meister der klassischen Moderne, war bereits zu seinen Lebzeiten anerkannt. Besonders in den 1920er Jahren feierte er Erfolge, wurde er von Sammlern und Kritikern geschätzt. Nach 1933 stand auch Jawlenskys Kunst in Verruf; 1937 wurden 72 seiner Werke unter dem Vorwurf „entarteter Kunst" aus öffentlichen Sammlungen entfernt.

Nach dem Zweiten Weltkrieg setzte allerdings schnell die Rehabilitation seiner Malerei ein – es gab zahlreiche Ausstellungen, und 1956

erschien die Jawlensky-Monographie aus der Feder des damaligen Wiesbadener Museumsdirektors Clemens Weiler, die zum Standardwerk der Jawlensky-Forschung wurde. Heute sind Bilder des großen russischen Künstlers in allen wichtigen deutschen Museen vorhanden; die größte öffentlich zugängliche Sammlung hängt im Museum seiner Wahlheimatstadt Wiesbaden.

Alexej von Jawlensky wird am 13. März 1864 im weißrussischen Torschok als Sohn eines Offiziers der russischen Armee geboren. Um ihren sechs Kindern eine optimale Schulbildung zu ermöglichen, verlässt die Mutter Aleksandra Medvedeva 1874 mit den Kindern die Provinz und zieht nach Moskau, wo Alexej zunächst das humanistische Gymnasium und dann von 1877 bis 1882 die Kadettenschulen besucht. 1880 kommt er auf einer Ausstellung zum ersten Mal unmittelbar mit Kunst in Berührung und ist davon so bewegt, dass er beschließt, selbst Maler zu werden. Sein Kunsterzieher erkennt sein Talent und fördert ihn nach Kräften. Auch als Jawlensky die Militärschule besucht, verliert er sein ambitioniertes Ziel nicht aus den Augen. Mittlerweile wohnt er in Moskau bei dem Maler Katalkoff, er verkehrt in Künstlerkreisen, pflegt Kontakte zu Malern und Kunstfreunden. Auf seinen eigenen Wunsch wird er 1889 nach St. Petersburg versetzt, wo er die Aufnahmeprüfung in die Akademie besteht und Schüler von Ilja Repin wird, einem der Wegbereiter der neueren russischen Malerei. Bei ihm lernt er dessen Schülerin Marianne von Werefkin kennen, die, vier Jahre älter als Jawlensky, energisch, gebildet und wohlhabend, schon damals einiges Ansehen als realistische Malerin genießt. Eine schicksalhafte Affäre zwischen den beiden beginnt, die 30 Jahre dauern sollte: Marianne ist für Jawlensky Muse, Gefährtin, Kollegin, aber auch Mentorin, die alles daran setzt, dass ihre künstlerischen Vorstellungen in seiner Malerei umgesetzt werden.

1896 entschließt sich Jawlensky, Russland den Rücken zu kehren und die Begegnung mit der westeuropäischen Kunst zu suchen – gemeinsam mit zwei Akademiekollegen zieht das Künstlerpaar nach München-Schwabing, das für 18 Jahre seine Heimat wird. Hier erhalten sie die erhofften Impulse – beispielsweise lernt Jawlensky seinen Landsmann und Malerkollegen Wassily Kandinsky kennen, dem er bis an sein Lebensende freundschaftlich verbunden bleibt. In München erblickt Jawlenskys einziges Kind das Licht der Welt – sein Sohn Andreas, der später auch eine künstlerische Laufbahn einschlägt. Dessen Mutter ist nicht Marianne Werefkin, sondern Helene Nesnakomoff, das blutjunge Hausmädchen der beiden. Was auch immer die Werefkin dazu zu sagen hatte – beide Beziehungen hielten. Es folgen produktive

Jahre für das Künstlerpaar, in denen sich beide mit den neuen Strömungen der Kunst in Deutschland und Frankreich befassen. Kurzfristig deutlich vom Stil van Goghs beeinflusst, entwickelt Jawlensky um 1908 seinen eigenen expressiven Stil, den er bis zum Ausbruch des Ersten Weltkriegs beibehält. Schon jetzt ist seine Empfindsamkeit spürbar, die von einer emotional-expressiven Farbigkeit vermittelt wird. Seine Motive sind Landschaften, Köpfe und Stillleben.

Ein Meilenstein in Jawlenskys Künstlerleben ist die Gründung der „Neuen Künstlervereinigung" 1909: Gemeinsam mit Kandinsky, Werefkin, Gabriele Münter, Adolf Erbslöh und anderen ruft er diese Vereinigung ins Leben – bei ihrer ersten gemeinsamen Ausstellung lösen die Künstler einen handfesten Skandal aus, der Presse und Publikum gleichermaßen beschäftigt. Entscheidende künstlerische Impulse erhalten die Maler bei ihren Sommeraufenthalten 1908 bis 1910 im oberbayerischen Murnau, die Jawlensky, Kandinsky, Münter und Werefkin gemeinsam verbringen. Aus der „Neuen Künstlervereinigung" geht Ende des Jahres 1911 der „Blaue Reiter" mit Kandinsky, Franz Marc, August Macke, Münter und Jawlensky hervor.

Das freie Künstlerleben in München findet ein jähes Ende, als Jawlensky als russischer Staatsbürger mit dem Ausbruch des Ersten Weltkriegs 1914 aus Deutschland ausgewiesen wird. Er zieht mit Marianne Werefkin in die Schweiz, lebt am Genfer See, in Zürich und Ascona. Hier beginnt er mit seinen „Variationen" über ein landschaftliches Thema, stellt ein immer wiederkehrendes Motiv in verschiedenen Stimmungen, Tages- und Jahreszeiten dar und wird auf diese Weise auch zum Maler von Serien. Deutlich ist eine Abkehr von seiner expressionistischen Phase spürbar – jetzt tut er die ersten Schritte auf dem Weg zu einer stilleren, verinnerlichteren Form der Malerei, die sich in seinem Spätwerk vollenden wird.

Die Begegnung mit der Künstlerin Emmy Scheyer wird wegweisend für Jawlenskys weiteres Leben: Sie ist begeistert von seinem Werk, stellt ihre eigenen Ambitionen zurück, um zur Interpretin und Vermittlerin seiner Kunst zu werden. 1919 trennt sich Jawlensky endgültig von Marianne Werefkin. Er übersiedelt nach dem großen Erfolg einer von Emmy Scheyer in Wiesbaden organisierten Ausstellung in die Kurstadt, wo ihn das Kunst liebende Publikum begeistert empfängt. Sein Sohn Andreas und dessen Mutter Helene folgen Jawlensky nach Wiesbaden – 1921, der Sohn ist mittlerweile 19 Jahre alt, heiratet der Maler seine langjährige Lebensgefährtin. In Wiesbaden lernt der Künstler den Sammler und Mäzen Heinrich Kirchhoff kennen, der ihn finanziell unterstützt und bald eine stattliche Jawlensky-Sammlung besitzt, die später das Wiesbadener Museum erhält. Mit der Gründung der Gruppe der „Blauen Vier" durch Kandinsky, Paul Klee, Lyonel Feininger und Jawlensky 1924 wird ein weiterer Meilenstein genommen: Emmy Scheyer ist es zu verdanken, dass selbst in den USA Ausstellungen der Gruppe stattfinden.

Dennoch ist Jawlenskys große Zeit allmählich abgelaufen: Er erkrankt 1929 an einer äußerst schmerzhaften Form der Arthritis, die in den folgenden Jahren zur fast vollständigen Lähmung seiner Hände führt. Freunde wie die Malerin Hanna Bekker vom Rath und der Maler und Grafiker Alo Altripp gründen eine „Jawlensky-Gesellschaft", die den immer hinfälliger werdenden Maler finanziell unterstützt. 1937 entstehen seine letzten Bilder – „Meditationen", moderne Ikonen, die das Kreuzesmotiv variieren: als Formengerüst, als Stilmittel, als alles umfassenden Sinn seiner Kunst.

In seinen letzten drei Lebensjahren kann Jawlensky kaum mehr das Bett verlassen. Er stirbt nach qualvollem Siechtum am 15. März 1941 in Wiesbaden. Sein Grabmal ist bis heute auf dem russisch-orthodoxen Friedhof auf dem Neroberg zu sehen. In seinen Werken lebt er weiter.

Hermann Kaiser,
Lehrer, Offizier und Widerstandskämpfer

Wenn von den führenden Köpfen des Hitler-Attentats vom 20. Juli 1944 die Rede ist, dann fällt meist recht schnell der Name Ludwig Beck. Außerhalb Wiesbadens weit weniger bekannt als der in Biebrich geborene Generaloberst ist hingegen ein weiterer Widerständler, der eng mit der Kurstadt verbunden ist und hier viele Jahre lang als Lehrer an der Oranienschule wirkte: Dr. Hermann Kaiser.

Hermann Kaiser wird am 31. Mai 1885 in Remscheid geboren. Bereits ein Jahr später zieht die Familie nach Wiesbaden, wo sein Vater, Dr. Ludwig Kaiser, Direktor der Oranienschule wird. Hier macht Hermann Kaiser sein Abitur und studiert anschließend Mathematik und Physik, Geschichte und Kunstgeschichte in Halle und Göttingen. 1912, nach Abschluss seiner Promotion, kehrt er nach Wiesbaden zurück und wird nun selbst Lehrer an seiner alten Schule.

Als zwei Jahre später der Erste Weltkrieg beginnt, rückt Hermann Kaiser als Offiziersanwärter beim traditionsreichen 1. Nassauischen Feldartillerie-Regiment Nr. 27 „Oranien" ein, dessen Wurzeln bis auf die Freiheitskriege gut 100 Jahre zuvor zurückreichen. Er dient an der West- und der Ostfront, wird Ordonnanzoffizier und lernt Schrecken und Grausamkeit des mechanisierten Krieges kennen.

Nach Kriegsende kehrt Kaiser in seinen Beruf als Lehrer an der Oranienschule zurück. Obwohl gläubiger Christ, wird er Anhänger des Nationalsozialismus und tritt in die Partei ein. Seine Begeisterung für das Regime kühlt jedoch nach 1933 bald wieder ab. Augenfällig wird dies am 21. Oktober 1934 bei der Einweihung des Denkmals für sein ehemaliges Regiment auf dem Wiesbadener Luisenplatz. Bei der mit großem militärischem Pomp begangenen Feier nimmt Kaiser, der sieben Jahre lang unaufhörlich für die Errichtung des Denkmals getrommelt hat, in seiner Festrede als Vorsitzender der „27er Vereinigung"

nicht ein einziges Mal den Namen des „Führers" Adolf Hitler in den Mund – ein Affront für die anwesenden nationalsozialistischen Würdenträger. Und in der Oranienschule, so wird kolportiert, grüßt Kaiser stets mit einem „Heil Blücher". Zu seinem Glück wird er nicht denunziert – bei den Schülern ist er sehr beliebt, einer wird ihn später einmal als „deutschen Idealisten" bezeichnen, als „Meister" und als einen Menschen, „den seine Schüler bis an ihr eigenes Ende nicht vergessen werden".

Mit Beginn des Zweiten Weltkriegs wird Kaiser als Reserveoffizier eingezogen und kommt 1940 zum Oberkommando des Heeres nach Berlin, wo der studierte Historiker im Range eines Hauptmanns als „Kriegstagebuchführer" eingesetzt wird. Im Stab des Befehlshabers des Ersatzheeres, Friedrich Fromm, kommt Kaiser in Kontakt mit der Widerstandsbewegung um Ludwig Beck, der er sich bald anschließt. Als Adjutant Fromms hält er enge Verbindung zum ehemaligen Leipziger Oberbürgermeister Goerdeler, der im Falle des gelungenen Staatsstreichs Regierungschef werden soll. Kaiser erklärt sich bereit, nach dem Umsturz das Amt eines Staatssekretärs im Kultusministerium zu übernehmen, und ist als Verbindungsoffizier im Wehrkreis XII (Wiesbaden) vorgesehen.

Nach dem Scheitern des Attentats vom 20. Juli 1944 wird Kaiser – ebenso wie seine beiden Brüder – festgenommen. Der 59-Jährige kommt als Angeklagter vor den „Volksgerichtshof", wo der berüchtigte „Blutrichter" Roland Freisler dem vermeintlichen Rädelsführer des Putschs seine ganze Wut entgegenschleudert: Gleich dreimal – als Beamter, als Parteigenosse und als Offizier – habe Kaiser seinen Eid gegenüber dem „Führer" gebrochen.

Den Schauprozess und das im Grunde bereits vorher feststehende Todesurteil nimmt Kaiser gefasst auf. Trost und Stärke spendet ihm bis zuletzt sein tiefer christlicher Glaube. Am 23. Januar 1945 wird Hermann Kaiser zusammen mit anderen Widerstandskämpfern im Gefängnis Berlin-Plötzensee gehenkt.

In Wiesbaden erinnern heute eine Tafel in der Oranienschule und eine Plakette am Sockel des Oranier-Denkmals auf dem Luisenplatz an den Widerstandskämpfer. Deren Inschrift ist ein Resümee von Hermann Kaisers Wirken: „Sein Lebensweg ist eine Mahnung gegen Krieg und Unmenschlichkeit".

Wilhelm und Fritz Kalle,

sozial engagierte Unternehmer

Der „Chemiepark Kalle-Albert" am Rheinufer zwischen Biebrich und Amöneburg dürfte jedem Wiesbadener ein Begriff sein. Wo heute eine Vielzahl chemischer Unternehmen angesiedelt ist, lag vor knapp 150 Jahren die Keimzelle eines großen Farbenwerkes: der Biebricher „Rotfabrik" des Dr. Wilhelm Kalle. Doch wer war der Unternehmensgründer, dessen Name noch heute für ein ganzes Industriegebiet steht?

Paul Wilhelm Kalle wird am 26. April 1838 in Paris geboren. Sein Vater ist ein Krefelder Seidenhändler und Großkaufmann, der in der französischen Hauptstadt ein Vermögen macht und im Revolutionsjahr 1848 mit seiner Familie nach Wiesbaden übersiedelt. Wilhelm Kalle ist schon in jungen Jahren von der Chemie fasziniert, sodass er nach der Reifeprüfung zunächst seine chemischen Kenntnisse im Laboratorium von Carl Remigius Fresenius erweitert und anschließend in Berlin und Marburg studiert. Nach der Promotion 1861 geht er für ein Praktikum nach Frankreich, kehrt 1863 nach Deutschland zurück und eröffnet mit dem Geld seines Vaters eine kleine Farbenfirma in Biebrich.

Der Anfang ist bescheiden: Gerade einmal drei Arbeiter beschäftigt die Firma. Kalle ist Betriebsleiter, Vorarbeiter und Chemiker in einer Person. Doch schon bald kann er eine Palette von 16 Farbstoffen anbieten, darunter ein Anilinblau und das „Biebricher Scharlach", die internationalen Konkurrenzprodukten weit überlegen sind. Das Werk entwickelt sich rasant, 1884 nimmt Kalle auch pharmazeutische Produkte ins Programm. 1913, zum 50-jährigen Bestehen, zählt die Firma fast 1.000 Arbeiter und mehrere hundert Angestellte und vertreibt ihre Produkte in aller Welt.

Wilhelm Kalle ist aber nicht nur ein gewiefter Geschäftsmann, er hat auch das Wohl seiner Mitarbeiter im Blick. Bereits 1871 richtet er

Wilhelm Ferdinand Kalle (1870 – 1954) (links), der Sohn von Fritz Kalle, und Wilhelm Kalle (1838 – 1919) (rechts).

eine Arbeitersparkasse ein, es folgen eine Pensionskasse und 1884 eine Betriebskrankenkasse. Wesentlichen Anteil an den sozialen Errungenschaften hat Wilhelms ein Jahr älterer Bruder Fritz (eigentlich: Jakob Friedrich), der dem Unternehmen als kaufmännischer Leiter vorsteht. Fritz Kalle wird am 12. Januar 1837 ebenfalls in Paris geboren. Er strebt zunächst eine Karriere als Bergbaubeamter an, tritt aber nach dem Tod des Vaters 1865 in die Firma seines Bruders ein.

Fritz Kalle will nicht nur die Lebensbedingungen seiner eigenen Arbeiter verbessern, sondern diese Ideen auch in andere Unternehmen tragen. 1871 gibt er den Anstoß zur Gründung der „Gesellschaft zur Verbreitung der Volksbildung" und 1879 des „Vereins zur Förderung des Wohls der Arbeiter ‚Concordia'" – eine Initiative, die im ganzen Reich Beachtung und zahlreiche Nachahmer findet. Fritz Kalle wird auch politisch aktiv, wird als Nationalliberaler ins preußische Abgeordnetenhaus und später in den Reichstag gewählt. Dort gehört er zu den Befürwortern einer Unfallversicherung, die schließlich unter Bismarck 1884 gesetzlich eingeführt wird.

Später ist Fritz Kalle auch in Wiesbaden kommunalpolitisch tätig, als Stadtrat und ehrenamtliches Mitglied des Magistrats. Er wird zum großen Fürsprecher der Einführung von Schulärzten, als bei vielen Volksschülern gesundheitliche Mängel festgestellt werden. Kalles „Wiesbadener System" macht bald im ganzen Reich Schule. Aufgrund seiner zahlreichen Verdienste erhält Fritz Kalle 1903 die Ehrenbürgerwürde der Stadt Wiesbaden. Und als er am 31. Juli 1915 stirbt, bekommt er ein Ehrengrab auf dem Nordfriedhof.

Sein Bruder Wilhelm überlebt Fritz um vier Jahre. Er engagiert sich ebenfalls kommunalpolitisch, wird Präsident der Wiesbadener Handelskammer und gehört später dem preußischen Abgeordnetenhaus an. Auf seine Initiative gehen auch der Biebricher Volksbildungsverein und die Biebricher Volksbücherei zurück. Auch Wilhelm Kalle erhält für sein soziales Engagement zahlreiche Ehrungen, unter anderem die Ehrenbürgerschaft der (damals noch selbstständigen) Stadt Biebrich. Er stirbt am 24. Februar 1919.

Noch ein weiteres Mitglied der Familie Kalle ist übrigens in den folgenden Jahrzehnten für Wiesbaden bedeutsam geworden: Wilhelm Ferdinand Kalle, der 1870 geborene Sohn von Fritz Kalle. Er studiert wie sein Onkel Chemie, wird 1897 Teilhaber der Firma und 1904 Generaldirektor. Er engagiert sich ebenfalls politisch und gehört in den 1920er Jahren dem Reichstag an. Die Stadt Wiesbaden verleiht ihm 1953, ein Jahr vor seinem Tod, ebenfalls die Ehrenbürgerwürde.

Wilhelm Kempf,

der langjährige Bischof von Limburg

Testimonium veritati – Zeugnis geben für die Wahrheit": So lautete sein Wahlspruch. Eine ganz bewusste Wahl des engagierten katholischen Kirchenmannes, der in Opposition zum Nationalsozialismus stand und 1949 zum Bischof von Limburg geweiht wurde: Wilhelm Kempf.

Wilhelm Kempf wird am 10. August 1906 in Wiesbaden als ältester von vier Söhnen eines Mittelschullehrers geboren. Er wächst in Wiesbaden auf, studiert in Fulda, Rom und Frankfurt am Main Philosophie und katholische Theologie und wird anschließend promoviert. Am 8. Dezember 1932 empfängt er im Limburger Dom die Priesterweihe. Er arbeitet als Kaplan im Westerwald, als Hauskaplan im Kloster Tiefenthal und als Rektor am St. Josephshaus in Dernbach.

1936 wird er schließlich Geheimsekretär des Limburger Bischofs Dr. Antonius Hilfrich. Dieser ist wie Kempf ein entschiedener Gegner des Nationalsozialismus, auch wenn er gegen die Willkürherrschaft wenig ausrichten und seine Priester letztlich nicht vor Verfolgung schützen kann. Er protestiert zwar offen gegen die Tötung geistig Behinderter, doch weitaus mehr Widerhall in der Öffentlichkeit findet der Bischof von Münster, Kardinal Graf von Galen. 1939, wenige Monate vor Ausbruch des Zweiten Weltkriegs, wird Kempf nach Frankfurt am Main versetzt, wo er als Pfarrer zuerst in St. Antonius, dann an der Heilig-Geist-Kirche im Stadtteil Riederwald amtiert.

Anfang 1949 wählt das Domkapitel Kempf zum neuen Bischof von Limburg. Sein Vorgänger, Ferdinand Dirichs, ist nach nur gut einem Jahr im Amt Ende 1948 bei einem Autounfall ums Leben gekommen. Am 28. Mai 1949 bestätigt Papst Pius XII. die Wahl, und im Juli 1949 empfängt Kempf im Limburger Dom die Bischofsweihe – Hauptkonsekrator ist der Erzbischof von Köln, Joseph Kardinal Frings.

Kempf ist offen und kommunikativ, ein fortschrittlicher Kirchen-
vertreter, der vielen Gläubigen als „geistlicher Hoffnungsträger" gilt.
Schnell wird er zu einer der herausragenden Figuren der katholischen

Kirche in den Nachkriegsjahren. Kempf gehört auch zu den Teilnehmern und den Untersekretären des Zweiten Vatikanischen Konzils, und diese Aufbruchstimmung trägt er in seine Diözese. Auch die Kirchenmusik ist ihm ein Anliegen, seit 1967 gibt es auf seine Veranlassung hin die Limburger Domsingknaben.

Aufgrund seiner zahlreichen Verdienste verleiht seine Vaterstadt Wiesbaden dem knapp 70-jährigen Bischof im Jahr 1975 die Ehrenbürgerwürde. Die Stadtverordnetenversammlung beschließt die Verleihung am 23. Oktober, am selben Tag wie für einen nicht weniger bekannten protestantischen Theologen aus Wiesbaden – Martin Niemöller.

Zu seinem 75. Geburtstag im Jahr 1981 bittet Wilhelm Kempf den Heiligen Stuhl darum, sein Bischofsamt niederlegen zu dürfen, was ihm auch gewährt wird. Er stirbt im folgenden Jahr, am 9. Oktober 1982, in seiner Heimatstadt Wiesbaden. Seine letzte Ruhestätte findet er im Limburger Dom. Nach Wilhelm Kempf, dem langjährigen Bischof des Bistums Limburg, ist heute das in den 1980er Jahren erbaute Tagungshaus des Bistums in Wiesbaden-Naurod benannt.

Fanny Lewald,
Schriftstellerin und Frauenrechtlerin

Wiesbaden ist ihre Hoffnung gewesen und hat sie bitter enttäuscht. Auf das milde Klima und die heilsame Wirkung der Quellen hatte sie gesetzt, als sie fieberhaft nach einem Weg suchte, ihrem geliebten Mann Linderung zu verschaffen: Er war an einer Lungenentzündung erkrankt und konnte sich nur schwer wieder davon erholen – in Wiesbaden wollte das Berliner Schriftstellerpaar den Winter verbringen, baden und das ernste Lungenleiden auskurieren. Es kommt anderes: Als Fanny Lewald und Adolf Stahr im September 1876 in Wiesbaden eintreffen, können sie die Vorzüge der Kurstadt nur kurz genießen. Schnell zieht sich Stahr eine Erkältung zu, die in wenigen Tagen zu einem schweren Lungenödem führt. Am Morgen des 3. Oktober 1876 stirbt er im Hotel „Vier Jahreszeiten".

Für Fanny Lewald bricht eine Welt zusammen. Der Tod hat eine erfüllte Beziehung für immer getrennt – „dreißig Jahre einer geistigen Gemeinschaft ohnegleichen, einundzwanzig Jahre einer unsäglich glücklichen Ehe". Fanny sieht sich außerstande, dem Begräbnis Stahrs auf dem Alten Friedhof beizuwohnen, wo er drei Tage später zur letzten Ruhe gebettet wird. Schon am nächsten Tag bricht sie wieder nach Berlin auf, flieht aus Wiesbaden. Aber sie weiß, dass sie einmal nach Wiesbaden zurückkehren wird: Fanny Lewald verfügt, dass sie einmal an der Seite ihres Gatten ihre letzte Ruhestätte finden möge – am 9. August 1889, vier Tage nach ihrem Tod in einem Dresdener Hotel, wird Fanny Lewald in Wiesbadener Erde beigesetzt. Das Grabmal aus schlichtem schwarzem Marmor mit den Medaillons des Ehepaars erinnert bis heute an die Frauenrechtlerin und Schriftstellerin, die eine der Wegbereiterinnen der modernen Frauenbewegung war.

Fanny wird am 24. März 1811 als erste Tochter von David und Zipora Marcus in Königsberg geboren. Sie bekommt neun Geschwister und ist zeit ihres Lebens dem Vater eng verbunden. Mit 13 Jahren ver-

lässt Fanny die Privatschule, als diese wegen einer Cholera-Epidemie schließen muss. Von nun an wird das Leben des hochbegabten Mädchens von einem strikten Stundenplan geregelt, der vor allem Handarbeiten, Klavierspielen und die Wiederholung von altem Unterrichtsstoff enthält. An eine höhere Schulbildung oder ein Studium, wie es ihre Brüder aufnehmen dürfen, ist nicht zu denken, und schon bald begehrt Fanny innerlich gegen die Ungleichbehandlung von Mädchen auf.

1831 legt ihr Vater, der Kaufmann David Marcus, den jüdischen Familiennamen ab und ersetzt ihn durch den Namen Lewald. Fanny lässt sich taufen, ohne innerlich vom Christentum überzeugt zu sein. Nach einer unglücklichen Liebe widersetzt sie sich erfolgreich einer von den Eltern arrangierten Ehe: Sie will ein unabhängiges Leben führen. Der Zufall kommt Fanny Lewald zur Hilfe, als ihr Onkel August Lewald, Herausgeber der Zeitschrift „Europa", ohne ihr Wissen Teile ihrer Briefe mit Reisebeschreibungen veröffentlicht. Die Texte erregen Aufsehen, und neue Artikel werden bei ihr in Auftrag gegeben. Bestätigt durch die Anerkennung, die sie findet, veröffentlicht sie 1843 mit großem Erfolg zwei Romane („Clementine" und „Jenny"): In kürzester Zeit ist sie zu einer der gefragtesten Schriftstellerinnen ihrer Zeit geworden; jetzt verfasst sie einen Aufsatz, einen Artikel, einen Roman nach dem anderen. Besonders beschäftigt sie die Lage der jungen Mädchen – sie schreibt sich ihre Gedanken von der Seele, verarbeitet, was sie in ihrer Jugend, die sie als „Leidensjahre" bezeichnet, gequält hat. In ihren Schriften fordert Fanny die Verbesserung der Mädchenbildung und das Recht der Frau auf eine eigene Berufsausbildung. Radikal bezeichnet sie die „höheren Töchter" als Sklavinnen ihres Standes, und vehement tritt sie in ihren Schriften für deren „Befreiung" ein. So heißt es beispielsweise: „Man weinte über Onkel Tom in seiner Hütte und sagte einer Tochter, die vielleicht ein medizinisches Genie oder ein großes kaufmännisches Talent war: Du strickst Strümpfe, Du lernst den Haushalt führen; Du bekommst Unterricht, der so weit langt, dass Du einsehen kannst, was für Dich wünschenswert und zu erreichen wäre, wenn man es Dir möglich machte, Deine Fähigkeiten zu entwickeln, aber entwickeln darfst Du sie nicht – denn Du bist ein Weib. Du brauchst Dich aber darüber nicht zu beklagen, es ist Dein Beruf. Solange ich lebe, gebe ich Dir auch Obdach, Kleidung und Nahrung; findet sich jemand, der Dich haben will, so gebe ich Dich dem, der Dir auch Obdach, Kleidung und Nahrung geben wird; und wenn nicht – wenn ich strebe, und es hat sich niemand gefunden, der sich mit Deiner Ernährung belasten will – nun? – Nun? So fragten auch die Frauen; und als Antwort erfolgte dann stets ein geseufztes: Nun! So hast Du ja allerlei gelernt und wirst Dir schon helfen! – Aber wie? Aber womit? Aber was habe ich denn gelernt?" Fanny Lewald und ihren Ideen kommen an. Sie kann von dem Ertrag ihrer in enormen Auflagenhöhen erscheinenden Romane und den Honoraren für ihre Artikel gut leben, und allmählich wird sie als Frauenrechtlerin gleichermaßen wie als Schriftstellerin bekannt. Im Februar 1845 bezieht sie eine eigene Wohnung in Berlin – als äußeres Zeichen ihrer inneren Selbstständigkeit.

Auf einer Italienreise lernt sie im gleichen Jahr den Literatur- und Kunsthistoriker Adolf Stahr kennen. Er ist verheiratet und Vater von fünf Kindern, aber sie verliebt sich in ihn, nachdem sie lange vergeblich versucht hat, sich ihre Gefühle für ihn aus dem Kopf zu schlagen. Umgekehrt ist auch Fanny Adolf Stahr nicht gleichgültig: Der Blaustrumpf fasziniert ihn, und er hält den Kontakt zu Fanny Lewald, die sich nicht auf eine aussichtslose Liebe einlassen will. Als Stahr Ende 1852 nach Berlin zieht und seine Familie in Jena zurücklässt, willigt seine Frau in die Scheidung ein. Am 6. Februar 1855 heiraten Fanny Lewald und Adolf Stahr – fast zehn Jahre hatten sie um ihre Liebe gekämpft.

In die Zeit ihrer Ehe fällt Fannys Hauptschaffensperiode. Sie engagiert sich neben vielem anderen im sozialen Bereich; zudem unterhält sie einen literarischen Salon, dessen berühmtester Gast der junge Fontane ist.

Nach einer Lungenentzündung Stahrs verlässt das Ehepaar Berlin und reist nach Wiesbaden. Doch der erhoffte Genesungseffekt bleibt aus; im Gegenteil, Stahrs Krankheit verschlimmert sich nach einer schweren Erkältung noch weiter. Er stirbt am 3. Oktober 1876. Fanny verlässt nach dem Begräbnis fluchtartig die Stadt und nimmt in Berlin ihr altes Leben auf, reist und arbeitet. Sie stirbt am 5. August 1889 in Dresden. Der Tod hat sie mit Adolf Stahr wieder vereint: Auf ihren Wunsch hin wird auch sie in Wiesbadener Erde bestattet.

Prinzessin Marianne von Preußen,
Enfant terrible der preußischen Gesellschaft

Sie hatte schon viel von der Welt gesehen, hatte zahlreiche Reisen unternommen, hatte in den Niederlanden, in Berlin und in Schlesien gelebt. Aber diese Landschaft bezauberte sie – die elegante Kurstadt Wiesbaden und der liebliche Rheingau mit seinen Burgen, den sanften Hängen, an denen der beste Wein gedieh, und dem mächtigen grünen Strom. Hier wollte sie alles hinter sich lassen – den bitterbösen Klatsch, der sie und ihre Familie verfolgte, das Leid der vergangenen Jahre. Im Schloss Reinhartshausen in Erbach bei Wiesbaden fand sie eine Residenz, so wie sie ihr vorgeschwebt hatte: nicht zu groß, nicht zu prächtig, aber doch repräsentativ genug, um einer Prinzessin und ihrer Familie eine standesgemäße Heimat zu bieten. Hier konnte sie ihrer Liebe zur Kunst nachgehen und ein kleines Museum einrichten – hier war das Zuhause, das sie lange gesucht hatte.

Prinzessin Marianne wird am 9. Mai 1810 in Berlin als Tochter von Königin Wilhelmina und König Wilhelm I. Friedrich der Niederlande geboren. Am 14. September 1830 läuten für die gerade 20-jährige niederländische Prinzessin und ihren Bräutigam Prinz Albrecht von Preußen in Den Haag die Hochzeitsglocken. Die Braut geht ohne romantische Gefühle in die Ehe mit ihrem Cousin – es ist ihr klar, dass sie aus dynastischen Gründen heiraten muss; ob sie Albrecht nimmt oder irgendeinen anderen, ist ihr damals gleichgültig.

Die Hofkamarilla betrachtet die junge Prinzessin von Anfang an mit scheelem Blick: Sie ist zu ungezwungen, zu natürlich, setzt sich oft einfach über die Etikette hinweg und benimmt sich einfach nicht so, wie sich eine Prinzessin zu benehmen hat. Trotz der mehr oder weniger offenen Missbilligung, die Marianne am Hof entgegenschlägt, verläuft die Ehe von Albrecht und Marianne in den ersten Jahren unerwartet harmonisch; Marianne schenkt fünf Kindern das Leben, von denen zwei aber schon im Säuglingsalter sterben.

Nach dem Tod von Königin Wilhelmina 1837 erbt Marianne die schlesische Herrschaft Kamenz, die für sie einmal ein Stück Lebensinhalt werden soll. Es gefällt ihr dort so gut, dass sie keinen Geringeren als den berühmten Baumeister Schinkel beauftragt, ihr dort eine klassizistische Residenz zu bauen.

Marianne ist eine fürsorgliche Herrin und kümmert sich um ihre Untertanen: Sie beschäftigt Arbeiter aus ihren Dörfern beim Bau des Schlosses, sie betreibt umfangreiche Forstwirtschaft und initiiert eine Witwenpensionskasse, eine „Kleinkinderbewahranstalt" und ein Krankenhaus. Außerdem begründet sie das evangelische Kirchspiel und spendet eine große Summe zur Errichtung einer evangelischen Kirche; sie sorgt für eine gute Schulbildung der Kinder, beruft einen Gymnasiallehrer und lässt eine Strick- und Nähschule einrichten.

Marianne wird von ihren Untertanen geliebt. Als im Revolutions-jahr 1848 ein zusammengerotteter Haufen Aufständischer das noch im Bau befindliche Kamenzer Schloss plündern will, muss er geschlagen abziehen: Die Handwerker bewaffnen sich mit Holzlatten und gehen auf die Plünderer los, um den Besitz ihrer Herrin zu verteidigen.

Die fünf Geburten, die letzte im Jahr 1842, schwächen die Prin-zessin, und die Ärzte verordnen ihr lange Erholungsaufenthalte in Ita-lien. Mariannes Zustand bessert sich, aber als sie zurückkehrt, muss sie feststellen, dass sich Albrecht offen seiner derzeitigen Mätresse zuge-wandt hat.

Die Prinzessin leidet monatelang im Stillen, aber dann besteht sie auf einer Scheidung – gegen alle Widerstände und Drohungen. Und sie erreicht, was sie will: Am 28. März 1849 wird die Ehe offiziell geschieden – der preußische wie der niederländische Hof schweigen pikiert. Als aber bekannt wird, dass Marianne wieder ein Kind erwar-tet, beginnt der bitterböse Klatsch. Und als sie noch nicht einmal ver-sucht, die Schwangerschaft zu vertuschen, sondern das Kind zur Welt bringt, sich sichtlich über seine Existenz freut und es sogar selbst erzieht, kommt es zum offenen Bruch mit den Häusern Hohenzollern und Oranien. Der preußische König Friedrich Wilhelm IV. verweist seine ehemalige Schwägerin des Landes und verbietet jeglichen Kon-takt mit ihren drei Kindern aus der Ehe mit Albrecht. Marianne darf zwar noch in die Niederlande reisen, wird dort aber bei Hofe nicht mehr empfangen, was sie zutiefst verletzt. Aber eigentlich ist ihr auch das gleichgültig geworden: Sie steht zu ihrer großen Liebe, zu ihrem Sekretär, dem Niederländer Johannes van Rossum. Sollte doch jeder wissen, dass er der Vater ihres Kindes ist und dass sie ihn liebt ...

Marianne unternimmt mit ihrem Sohn Johann Wilhelm verschie-dene Reisen, auf denen sie ihr Sekretär begleitet. Ob sie Johannes van Rossum heimlich heiratete, wie es der Hofklatsch wissen wollte, ist nicht genau festzustellen. Eine dieser Reisen führt die Familie in den Rheingau. Das damals etwa 100 Jahre alte Schloss Reinhartshausen in Erbach hat es Marianne sofort angetan; sie kauft es 1855 und verbringt künftig mit van Rossum und Johann Wilhelm einen Teil des Jahres dort. Die Prinzessin ist eine begeisterte Kunstsammlerin – viele ihrer

Kunstschätze lässt sie nach Reinhartshausen bringen, wo sie ein kleines Museum einrichtet.

Johann Wilhelm verlebt fast seine ganze Kindheit im Rheingau, was ihm den Beinamen „von Reinhartshausen" einbringt. Für Marianne bricht eine Welt zusammen, als er am Abend des 25. Dezember 1861 im Alter von zwölf Jahren an den Folgen einer Scharlacherkrankung stirbt – ihr geliebtes Kind ist tot! Die Bilder seines kurzen Lebens ziehen an ihr vorüber, und sie erinnert sich, dass Johann Wilhelm einmal darüber geklagt hatte, dass es keine ordentliche evangelische Kirche im oberen Rheingau gebe. Ja, eine Kirche will sie stiften, die das Andenken ihres Lieblingskindes bewahren soll. Noch am Todestag von Johann Wilhelm stellt sie 60.000 Gulden für den Bau eines Gotteshauses in Erbach zur Verfügung. Johann Wilhelm wird vorläufig auf dem Friedhof beerdigt; nachdem die Kirche fertig gestellt ist, findet er dort seine letzte Ruhestätte.

Marianne verliert auch Johannes van Rossum, der am 10. April 1873 in Reinhartshausen stirbt. Ihr Leben ist leer geworden: Sie kümmert sich zwar nach wie vor um Kamenz und wird auch hin und wieder von ihren Kindern aus der Ehe mit Albrecht von Preußen besucht, die trotz königlichen Befehls niemals ganz den Kontakt zu ihr abgebrochen haben, aber trotzdem ist sie allein, alt und müde. Am 29. Mai 1883 stirbt sie auf Schloss Reinhartshausen – sie wird auf dem Erbacher Friedhof im selben Grab wie Johannes van Rossum zur letzten Ruhe gebettet. Nach wie vor wacht über dem Grab der wohltätigen Stifterin ein steinerner Engel.

Multatuli (Eduard Douwes Dekker),
der ruhelose Schriftsteller

Er gab sich selbst den Künstlernamen Multatuli – auf lateinisch heißt das so viel wie: „Ich habe vieles ertragen." Er führte ein buntes, ungewöhnliches Leben zwischen den Niederlanden und Java, bevor er in Wiesbaden zur Ruhe kam und schließlich in Ingelheim starb. In seiner niederländischen Heimat gilt er bis heute als einer der wichtigsten Schriftsteller, während er in Deutschland weitgehend vergessen ist. Wer war der Mann, den Hermann Hesse, Thomas Mann und Siegmund Freud zu ihren Lieblingsautoren zählten; wer war der Mann, der so vieles erlitten hatte?

Geboren wird Eduard Douwes Dekker am 2. März 1820 in Amsterdam als fünftes Kind des niederländischen Kapitäns Engel Douwes Dekker. „Dek", wie das Kind genannt wird, zeigt schon früh ein nervöses, nonkonformes Wesen. Er scheitert in der Lateinschule und absolviert später eine Lehre in einer Textilhandlung, was er als erniedrigend empfindet. Der als freundlich und lebenslustig geschilderte Vater erlöst Dek, als er den 15-Jährigen auf dem Segelschiff „Dorothea" mit nach Java nimmt. Dort bleibt Dek für die nächsten Jahre. Er findet eine ausgesprochen gut dotierte Arbeit in der Kolonialverwaltung; trotzdem kommt er selten mit seinem Geld aus und macht schon jetzt die ersten Schulden.

Sein Leben ist von Frauengeschichten geprägt – der 20-Jährige verliebt sich in ein „Sumatramädchen", das er wohl auch geheiratet hat. Das exotische Glück währt allerdings nicht lange. Dekker verliert zeitweise seine Stellung und schlägt sich – irgendwann ohne das „Sumatramädchen" – mehr schlecht als recht durch. 1845 verliebt er sich Hals über Kopf in die verarmte holländische Baronesse Everdina Huberta van Wijnbergen und heiratet sie ein Jahr später. Er wird von Batavia nach Mitteljava versetzt, wo er wieder einen Verwaltungsposten bekleidet. Auch wenn die Ehe mit Tine, wie er seine Frau nennt, zunächst

kinderlos bleibt und Dekker mehrfach ernstlich erkrankt, ist es die glücklichste Zeit seines Lebens. Er verbringt sie mit Tine zwischen Europa und Südostasien, sehnt sich aber nach dem kulturellen Leben in der Alten Welt und macht mehrere Besuche in der niederländischen Heimat, in Spanien und in Deutschland. Vor allem, als das tropische Klima mehr und mehr seine Gesundheit ruiniert, zieht es ihn wieder zurück nach Europa – jedes Mal versucht er sein Glück in den Spielcasinos, und jedes Mal verliert er. Er tüftelt ein angeblich unfehlbares System für das Roulette aus, aber es versagt. In Wiesbaden und Bad Homburg verliert er große Summen; kurz vor der Geburt seines Sohnes Edu 1854 verspielt er nahezu sein ganzes Vermögen. Er kehrt nach Indonesien zurück, wo 1857 Tochter Nonni das Licht der Welt erblickt.

Er macht eine Karriere in der Kolonialverwaltung, die aber nicht von langer Dauer ist: Bei seiner Arbeit sieht er viel Unrecht, das den Einheimischen von den Kolonialherren angetan wird, und Dekkers ausgeprägter Gerechtigkeitssinn verlangt einzugreifen, wenn er kann. So wird er zu einem Anwalt der Unterdrückten, deren Schicksal er in seinen Schriften verarbeitet. Gern wird das von den Herrschenden auf Java nicht gesehen – als er korrupte Machenschaften anprangert, in die der Regent Karta Nata Negara verstrickt ist, muss Dekker gehen.

Er kehrt endgültig zurück nach Europa, ist längst des Lebens in den Kolonien müde. Sein früher schon diagnostiziertes Nervenleiden macht ihm zu schaffen. Dekker führt ein rastloses Wanderleben, vor allem zwischen den Niederlanden, Belgien und Deutschland, betätigt sich als Journalist, Schriftsteller und Vortragsredner. Bekannt wird er durch seinen in wenigen Wochen mit glühender Feder heruntergeschriebenen Roman „Max Havelaar oder Die Kaffeestationen der Niederländischen Handelsgesellschaft", in dem er seine Empörung über die koloniale Ausbeutung und Misshandlung der Einheimischen in den holländischen Kolonien verarbeitet. Doch Dekker ist vorsichtig geworden: Er veröffentlicht den Roman unter dem Pseudonym „Multatuli" und wird mit einem Schlag berühmt. Das Buch wird zum Bestseller. Beflügelt vom Erfolg, schreibt er weiter; dennoch wird er nirgends heimisch – in den Niederlanden ist er unbeliebt, und so begibt er sich auf eine Odyssee durch Deutschland. Bad Homburg, Mainz, Kassel, Köln, Koblenz und Frankfurt am Main sind nur einige seiner Stationen. Immer seltener begleitet ihn seine Familie – 1866 sieht er Tine zum letzten Mal. Acht Jahre später stirbt sie in Venedig.

Multatulis Leben ist von zahlreichen Frauen geprägt – der melancholische, gut aussehende Schriftsteller nimmt viele für sich ein; darunter eine aus einem Bordell losgekaufte Französin, eine holländische Schriftstellerin und eine rebellische Pfarrerstochter.

Zur Ruhe kommt Multatuli in Wiesbaden: Er lässt sich 1870 in der Kurstadt nieder, die er von früheren Besuchen kennt und die es ihm schon lange angetan hat. Hier schreibt er fast die Hälfte seiner noch zu Lebzeiten veröffentlichten Werke. Darunter sind die „Millionen-Studien", in denen er seine Erlebnisse in der Spielbank verarbeitet und seine angeblich sichere Methode beschreibt, beim Roulette doch zu gewinnen. Nicht durch das Roulette, sondern durch den Erlös aus seinen Büchern erreicht er jetzt eine gewisse finanzielle Sicherheit. Bis 1879 hält es Multatuli in Wiesbaden, bevor er für anderthalb Jahre nach Geisenheim zieht. Auf der anderen Rheinseite findet er seinen Alterssitz: 1881 erwirbt er eine Villa vor den Toren der Rotweinstadt Ingelheim, die er mit seiner neuen, zwanzig Jahre jüngeren Ehefrau Maria Hamminck-Schepel bewohnt. Dort stirbt er am 19. Februar 1887. Auf seinen Wunsch hin wird er eingeäschert – was damals noch völlig unüblich ist. Multatuli, ein Rebell im Leben wie im Tode. Einer, der von sich sagte, er habe viel gelitten.

Martin Niemöller,
der streitbare Theologe

Schloss Chesnay bei Paris, im Sommer 1945. Zahlreiche Wirt-
schaftsführer aus der Zeit des „Dritten Reiches" sind hier interniert:
der Flugzeugkonstrukteur Ernst Heinkel, der Reichsbahnchef Julius
Dorpmüller und auch Albert Speer, der Rüstungsminister und Architekt des „Führers". Da kommt eines Tages ein Bus mit einigen von den
Alliierten befreiten prominenten Häftlingen aus deutschen Konzentrationslagern nach Chesnay. Unter ihnen ist auch Martin Niemöller, der
wohl profilierteste Vertreter der „Bekennenden Kirche" in Deutschland. Speer berichtet: „Wir kannten ihn nicht, aber unter den Neuan-
gekommenen befand sich ein gebrechlicher Mann mit weißen Haaren
und schwarzem Anzug. Das, darüber waren Heinkel, der Konstrukteur
Flettner und ich uns einig, musste Niemöller sein. Wir hatten mit dem
so sichtbar von jahrelanger Haft im Konzentrationslager Gezeichneten
großes Mitleid; Flettner übernahm es, dem Gebrochenen unsere Sym-
pathie auszudrücken, doch kaum hatte er seine Ansprache begonnen,
als er sich unterbrochen sah: ‚Thyssen! Mein Name ist Thyssen! Niemöller steht da drüben.' Da stand er, jugendlich und konzentriert, eine
Pfeife rauchend – ein Beispiel dafür, wie man die Bedrängnisse der
Gefangenschaft über Jahre durchstehen kann."

Wohl kaum eine Szene zeigt den ungebrochenen Lebenswillen, den
Mut und das Gottvertrauen des evangelischen Theologen, den auch
acht Jahre in verschiedenen Konzentrationslagern nicht niederzwingen
konnten, wie diese Schilderung aus den Erinnerungen von Albert
Speer. Aber die Jahre der Haft haben Niemöller geprägt. Aus dem
nationalkonservativen Ex-Offizier des Ersten Weltkriegs ist längst ein
kompromissloser Kämpfer gegen die Tyrannei, gegen jede Art von politischer Gewalt geworden. Ein Mann, der auch gegenüber seinen
Befreiern kein Blatt vor den Mund nimmt und als streitbarer Theologe
Akzente setzt.

Emil Gustav Martin Niemöller wird am 14. Januar (nach anderen Angaben am 14. Februar) 1892 als Sohn eines evangelischen Pfarrers im westfälischen Lippstadt geboren. Nach dem Abitur in Elberfeld 1910 tritt er in die Kaiserliche Marine ein, wo er sich im Herbst 1915 freiwillig zur U-Boot-Waffe meldet. Es folgen mehrere Einsätze im Mittelmeer, zuletzt als hoch dekorierter U-Boot-Kommandant. 1919, zurück in der Heimat, absolviert er kurzzeitig eine landwirtschaftliche Lehre, fasst dann aber den Entschluss, Pfarrer zu werden, und beginnt ein Studium der evangelischen Theologie in Münster. 1923 nimmt er seine Vikarstätigkeit auf, 1924 folgt die Ordination, anschließend wird er Mitarbeiter der Inneren Mission in Westfalen. Es ist zwar nicht die erhoffte Pfarrstelle, doch garantiert ihm die Arbeit eine Existenz in wirtschaftlich schwieriger Zeit. Engagiert setzt sich Niemöller für den Fortbestand und Ausbau der Diakonie ein und entwickelt Pläne für eine Rechristianisierung der Gesellschaft.

Erst 1931 erhält Niemöller, der durch seine Rede- und Vortragstätigkeit längst überregional bekannt ist, eine Pfarrstelle – im damaligen Prominentenviertel Berlin-Dahlem. Auch zu diesem Zeitpunkt ist er noch kein entschiedener Gegner des Nationalsozialismus, sondern erhofft sich vielmehr die Wiederherstellung der kulturellen Identität auf christlicher Grundlage. Die Kirchenpolitik der Nationalsozialisten lehnt er hingegen entschieden ab, ebenso die „Deutschen Christen", die in seinen Augen Christentum und Politik vermischen und das Evangelium der Politik unterordnen. Nach den von Hitler oktroyierten Kirchenwahlen im Sommer 1933, aus denen die „Deutschen Christen" als Sieger hervorgehen, wird Niemöller zum Mitorganisator einer innerkirchlichen Opposition. Im September 1933 ruft er zur Gründung des reichsweiten „Pfarrernotbundes" auf, und als dessen Leiter wird er zu einem der profiliertesten Vertreter der kirchlichen Opposition. Mehr als ein Drittel der evangelischen Pfarrer folgt seinem Aufruf, und der „Pfarrernotbund" wird zu einer der wichtigsten Keimzellen für die „Bekennende Kirche". Die bewusste Abgrenzung zu den „Deutschen Christen" führt schließlich zur „Barmer Theologischen Erklärung" vom Mai 1934, einem der zentralen Lehr- und Glaubenszeugnisse der Kirche im 20. Jahrhundert.

Auch in vielen Vorträgen kämpft Niemöller gegen das „Neuheidentum" und wird im In- und Ausland zur Symbolfigur des kirchlichen Widerstandes. Damit zieht er endgültig den Zorn des Diktators auf sich. Am 1. Juli 1937 wird Niemöller verhaftet – der Vorwurf lautet auf „Hetze und Gefährdung des öffentlichen Friedens". Zwar wird er nur zu einer kurzen Festungshaft verurteilt, die durch die Untersuchungshaft bereits als verbüßt gilt. Doch auf Intervention Hitlers kommt Niemöller nicht frei, sondern ins Konzentrationslager Sachsenhausen. Hier bleibt der „Gefangene des Führers" trotz vieler internationaler Proteste drei Jahre in Einzelhaft; dann wird er ins KZ Dachau verlegt.

Bei Kriegsende wird Niemöller schließlich in Südtirol befreit, wohin ihn ein Liquidationskommando gebracht hatte. Die Haft hat den hageren, asketisch wirkenden Theologen nicht gebrochen – im Gegenteil. Streitbar wie zuvor meldet er sich in der Öffentlichkeit zurück. In Hessen-Nassau findet er eine neue kirchliche Heimat. In Wiesbaden lässt er sich nieder, die Brentanostraße 3 wird seine neue Adresse. 1947 wird er von der Verfassunggebenden Synode zum ersten Kirchenpräsidenten gewählt. In diesem Amt wird er zweimal bestätigt, bei der letzten Wahl 1958 allerdings nur noch knapp. 1964 nimmt er aus eigenem Entschluss seinen Abschied. Aufgrund seiner Verdienste um die weltweite Einheit der Kirchen wird er 1961 zu einem der sechs Präsidenten des Ökumenischen Rates der Kirchen gewählt. Auch in der neu gebildeten Evangelischen Kirche in Deutschland (EKD) ist Niemöller seit 1945 an führender Stelle aktiv; er ist stellvertretender Leiter des Rates der Kirche und gleichzeitig Leiter des Kirchlichen Außenamtes. Ein sensibler Posten, der diplomatisches Geschick verlangt und den Niemöller 1955 aufgrund seiner allzu radikalen Haltung und seiner Kontakte auch zu kommunistisch gesteuerten Friedensorganisationen wieder abgeben muss.

Das Jahr 1954 wird dabei für Niemöller zum endgültigen Wendepunkt seines Lebens. Der Ex-Offizier wandelt sich zum überzeugten Pazifisten, als ihm nach Gesprächen mit Atomwissenschaftlern klar wird, dass die neuen Waffen in der Lage sind, alles menschliche Leben auszulöschen. Von da an kämpft er mit allen Mitteln gegen die atomare Aufrüstung – und er brüskiert immer wieder die westlichen Regierungen. Auf dem Höhepunkt des Kalten Krieges reist er 1952 nach Moskau; 1967 – da tobt der Vietnam-Krieg – ins kommunistische Nord-Vietnam. Und er nimmt hohe Auszeichnungen der Ostblock-Staaten an, so den Lenin-Preis oder die Goldene Friedensmedaille der DDR. Freilich auch das Bundesverdienstkreuz – obwohl er auch den Konflikt mit der Bundesregierung nicht scheut, die Bundeswehr-Ausbildung als „hohe Schule für Berufsverbrecher" bezeichnet und sich damit prompt einen Strafantrag des damaligen Verteidigungsministers Franz-Josef Strauß einhandelt. 1975 erhält er aus der Hand des damaligen Oberbürgermeisters Rudi Schmitt die Wiesbadener Ehrenbürgerwürde – „bewegt, überrascht und tief gerührt", wie er selbst bekennt.

Auch nach dem Ausscheiden aus seinen kirchlichen Ämtern ist Niemöller weiter aktiv, engagiert sich in kirchlichen und politischen Friedensorganisationen. Martin Niemöller, der große streitbare evangelische Theologe, stirbt am 6. März 1984 mit 92 Jahren in Wiesbaden. Seine letzte Ruhestätte findet er in der Familiengrabstätte in der Nähe von Osnabrück. Zu den wohl bekanntesten Zitaten des großen Streiters für Frieden, Abrüstung und Gewaltfreiheit gehört das folgende – ein Resümee seines Kampfes gegen Unterdrückung und seiner Inhaftierung im KZ:

„Als die Nazis die Kommunisten holten, habe ich geschwiegen; ich war ja kein Kommunist. Als sie die Sozialdemokraten einsperrten, habe ich geschwiegen; ich war ja kein Sozialdemokrat. Als sie die Gewerkschafter holten, habe ich geschwiegen; ich war ja kein Gewerkschafter. Als sie mich holten, gab es keinen mehr, der protestieren konnte. "

Wilhelm von Opel,
Automobilfabrikant und Mäzen

Es gehört zu den Wahrzeichen Wiesbadens wie das Kurhaus, der Kochbrunnen oder die „Griechische Kapelle": Das Opelbad an den Hängen des Nerobergs ist eines der schönsten und bekanntesten Freibäder in Deutschland, mit einem traumhaften Blick über die ganze Stadt. Doch wer war eigentlich der Namensgeber des 1934 eingeweihten Bades, der mit einer Großspende den Bau erst möglich gemacht hat?

Wilhelm Opel – das Adelsprädikat erhält er erst 1917 – wird am 15. Mai 1871 als zweitältester Sohn von Adam und Sophie Opel in Rüsselsheim geboren. Sein Vater, ein Schlossermeister, hat dort erst wenige Jahre zuvor eine Nähmaschinenfabrik gegründet. 1886 erweitert er das Geschäft um den Fahrradbau. Eine Branche mit Zukunft: Mitte der 1890er Jahre werden bereits 10.000 Räder produziert, das Unternehmen beschäftigt 600 Mitarbeiter. Opel-Rennräder sind im Radsport begehrt, und die fünf Söhne Adam Opels, darunter auch Wilhelm, sind engagierte Rennfahrer und gewinnen zahlreiche Preise.

Mit dem Tod Adam Opels 1895 übernehmen seine Söhne wichtige Funktionen im Unternehmen; die beiden ältesten Söhne Carl und Wilhelm treten als Gesellschafter ein. Wilhelm hat da bereits nach dem Besuch des Realgymnasiums in Mainz ein Ingenieurstudium an der Technischen Hochschule in Darmstadt absolviert und berufliche Erfahrungen in den USA gesammelt.

1897 heiratet Wilhelm Opel Marta Bade aus Hildesheim. Das Paar bekommt drei Kinder. Sohn Fritz wird später als Rennfahrer und durch seine Experimente mit raketengetriebenen Autos und Flugzeugen für Furore sorgen und sich den Spitznamen „Raketenfritz" einhandeln. Eleonore, eine der beiden Töchter, heiratet später Wilhelm Sachs, den Kugellager-Industriellen aus Schweinfurt, und wird die Mutter von Gunter Sachs.

Als 1898 der Fahrradverkauf aufgrund von Überkapazitäten einbricht, sehen sich die Opel-Brüder nach anderen Industriezweigen um. Fritz und Wilhelm erwerben die „Anhaltische Motorwagenfabrik" von Friedrich Lutzmann in Dessau. Die Fabrikation wird nach Rüsselsheim verlegt, wo 1899 der „Opel-Patent-Motorwagen, System Lutzmann" vorgestellt wird.

Dem „Lutzmann-Opel" folgen bald weitere Modelle. Um Kosten zu sparen, kooperiert die Firma anfangs mit der französischen Marke Renault, später mit Darracq. Aber bereits 1902 kann man auch ein erstes selbst entwickeltes Modell präsentieren. Die Opel-Brüder nehmen auch an zahlreichen Motorsport-Veranstaltungen teil und gewinnen etliche Preise. Ein dritter Platz im „Kaiserpreisrennen" 1907 als bester deutscher Wagen verheißt zusätzliches Prestige. Die kaiserliche Familie bevorzugt in der Folgezeit die Produkte aus Rüsselsheim. Der wirtschaftliche Durchbruch gelingt spätestens 1909 mit dem beliebten „Doktorwagen" – einem Auto, das aufgrund seiner Zuverlässigkeit und vergleichsweise geringer Kosten vor allem von Landärzten sehr geschätzt wird.

Als 1911 ein Feuer die Werksanlagen vernichtet, wird der Bau von Nähmaschinen aufgegeben, die Fabrikationsanlagen für Fahrräder und Autos werden hingegen neu aufgebaut. Wilhelm Opel studiert bei Ford in den USA die neuesten Produktionsmethoden und setzt sie erfolgreich in Rüsselsheim um. Bereits 1910 beginnt Opel mit dem Lastwagenbau, 1911 kommen Flugmotoren, Motorpflüge und Motorboote hinzu. 1914 ist die Firma der größte deutsche Automobilproduzent. Im Ersten Weltkrieg sind vor allem Nutzfahrzeuge gefragt, die die Firma Opel in Form des genormten „Regel-Lastwagens" mit über 1.000 Stück pro Jahr liefert. Im Frühjahr 1917, mitten im Krieg, werden Wilhelm und sein jüngerer Bruder Heinrich von Großherzog Ernst Ludwig in den hessischen Adelsstand erhoben und zu Geheimräten ernannt.

Nach dem Krieg nehmen die Brüder zunächst den Bau von Fahrrädern und Motorrädern, dann auch den von Autos wieder auf. Auf Vorschlag von Fritz Opel, dem jüngsten der Brüder und seit 1919 Leiter des technischen Büros, setzt man bei der Produktion jetzt ganz auf

Fließbandarbeit und auf Standardisierung. Eine zukunftsweisende Entscheidung angesichts schwieriger wirtschaftlicher Rahmenbedingungen: Der „Opel Laubfrosch", ein vergleichsweise günstiger Kleinwagen mit Vierzylinder-Motor und in obligatorisch grüner Lackierung, wird zum Erfolgsmodell.

1929, im Angesicht der Weltwirtschaftskrise, verkaufen die Opel-Brüder die Adam Opel AG für insgesamt 154 Millionen Reichsmark an General Motors. Opel ist fortan ein amerikanisches Unternehmen, auch wenn mehrere Familienmitglieder im Unternehmen verbleiben, so auch Wilhelm bis 1945 als Aufsichtsrat.

Wilhelm von Opel hat nun mehr Zeit für seine Wahlheimat Wiesbaden, wo der „alte Geheimrat" (wie er respektvoll genannt wird) an der Ecke Steubenstraße/Bierstadter Straße eine noble Villa bewohnt. Als großzügiger Mäzen finanziert er zahlreiche Projekte, so die Goethewarte auf dem Geisberg, den Goethestein in Frauenstein, die Schutzhütte auf dem Kellerskopf, das Clubhaus des Tennis- und Hockeyclubs im Nerotal oder die Zuschauertribüne des Fußballstadions an der Berliner Straße. Das wohl bedeutendste Geschenk, das Wilhelm von Opel der Stadt macht, ist aber das nach ihm benannte Freiluft-, Schwimm- und Sonnenbad auf dem Neroberg. Hierfür stiftet er der finanziell klammen Kommune nicht nur 100.000 Mark, sondern gewährt auch ein Darlehen von weiteren 150.000 Mark. Später wird er sogar eine Restschuld von 50.000 Mark erlassen.

Die Stadt ist ihrem großzügigen Mäzen, der gerade in Zeiten wirtschaftlicher Not viel für Wiesbaden tut, dankbar und ernennt ihn zum Ehrenbürger. Als Wilhelm von Opel am 2. Mai 1948 mit 76 Jahren in Wiesbaden stirbt, trauern viele um den „alten Geheimrat". Mit seinen Spenden und Stiftungen hat er sich schon zu Lebzeiten in Wiesbaden ein Denkmal gesetzt.

Alexander Pagenstecher,
sozial engagierter Augenarzt

Kranken zum Heil, Blinden zum Licht": So stand es lange Zeit über dem Haupteingang der Augenklinik in der Kapellenstraße, bis das Gebäude vor einigen Jahren in ein Alten- und Pflegeheim umgewandelt wurde. Und wohl kaum ein anderer Spruch hätte besser darstellen können, worum es der Institution und ihrem Gründer ging – dem sozial engagierten Wiesbadener Arzt und bekannten Augenspezialisten Alexander Pagenstecher.

Friedrich Hermann Alexander Pagenstecher wird am 21. April 1828 in Wallau als Spross einer angesehenen Gelehrtenfamilie geboren. Er besucht die Realschule in Bad Schwalbach, später das Gymnasium in Weilburg. Nach der Reifeprüfung studiert Pagenstecher Medizin an den Universitäten Gießen, Heidelberg und Würzburg, wo er 1849 zum Doktor der Medizin promoviert wird. Zu seinen Lehrern gehört unter anderem der berühmte Chirurg Rudolf Virchow.

1850 legt Pagenstecher sein Staatsexamen in Wiesbaden ab und geht anschließend nach Paris, wo er sich speziell in der Augenheilkunde weiterbildet. 1852 kehrt er nach Wiesbaden zurück und arbeitet als Medizinalakzessist (Assistent) am Bürgerhospital. Er tritt in Kontakt zu den führenden Augenärzten seiner Zeit, unternimmt Reisen nach Berlin, Zürich und London. 1853 heiratet er Johanna Heller, Tochter eines Botanikprofessors aus Würzburg. Das Paar bekommt in den folgenden Jahre vier Kinder – zwei Söhne und zwei Töchter.

1856 eröffnet Pagenstecher in der Kirchgasse 7 eine „Armen-Augenheilanstalt" – zunächst mit lediglich sieben Betten. So klein der Anfang ist, so groß ist die Nachfrage. Denn Pagenstecher denkt sozial, behandelt die mittellosen Patienten kostenlos, verlangt von wenig Begüterten lediglich einen Anteil an den Behandlungskosten. Er finanziert sich vorrangig über Spenden und die Honorare der reichen Patienten. Öffentliche Zuschüsse verlangt er hingegen nicht – neben

seiner Befähigung als Augenarzt ein entscheidendes Argument dafür, dass er von der nassauischen Regierung überhaupt die Konzession zur Gründung bekommt. Bereits 1857 ist der Betrieb zu klein, sodass Pagenstecher seine Klinik in sein Privathaus in der Taunusstraße 59 verlegt. Hier richtet er auch einige Krankenzimmer für wohlhabende Patienten ein, die mit ihren Honoraren die Behandlung der mittellosen Patienten subventionieren.

Pagenstecher macht sich rasch einen Namen, und immer mehr Patienten aus dem In- und Ausland wollen in Wiesbaden behandelt werden. So wird auch die Klinik in der Taunusstraße schon bald zu eng. Da das eingenommene Geld für eine Erweiterung nicht ausreicht, bewilligt die nassauische Landesregierung nach langem Abwägen einen Zuschuss, da „die hiesige Augenheilanstalt ein höchst wohltätiges Institut und für Wiesbaden ein wahres Bedürfnis ist". Pagenstecher kann daher im Jahr 1861 ein Haus in der Kapellenstraße 20 (heute Nr. 29) erwerben; nun ist in 12 Zimmern Platz für 33 Patienten.

Wie groß der Zulauf ist, zeigen einige Zahlen: Zwischen 1862 und 1865 werden nicht weniger als 6.074 Patienten in der Armen-Augenheilanstalt behandelt, in der „Privatklinik" sind es noch einmal 4.001. Als auch dieses Gebäude zu klein wird und Pagenstecher bereits Anbaupläne hegt, bietet sich plötzlich eine elegante Lösung innerhalb der Nachbarschaft an – nämlich ein Tausch mit der gegenüberliegenden Schirm'schen Handelslehranstalt (Gewerbeschule). So zieht die Klinik schließlich im Jahr 1868 in das Gebäude mit der Hausnummer 42, das 1843 als „Villa Astheimer" errichtet worden ist. Im deutschfranzösischen Krieg von 1870/71 dient die Klinik aber zunächst als Lazarett, bevor wieder Augenkranke behandelt werden können.

Pagenstecher ist da längst ein Augenarzt von Weltruf, ein Experte bei der Behandlung des Grauen Stars (Katarakt) und des Grünen Stars (Glaukom). Mehr als 2.000 Staroperationen führt er im Laufe seines Lebens selbst durch. Er erfindet dafür ein spezielles Instrument (den „Pagenstecher-Löffel"), mit dem sich die getrübte Linse entfernen lässt. Und er entwickelt eine operative Methode, herabhängende Augenlider zu korrigieren. In der Wiesbadener Augenheilanstalt arbeitet längst ein ganzer Stab von Mitarbeitern, zu dem seit 1872 auch Pagenstechers 16 Jahre jüngerer Bruder Hermann gehört.

Unerwartet stirbt Alexander Pagenstecher auf dem Höhepunkt seiner Karriere, mit gerade einmal 51 Jahren, am 31. Dezember 1879 an den Folgen eines Jagdunfalls. So ist es Hermann Pagenstecher, der das Werk des Älteren fortführt. Er wird ebenfalls ein berühmter Augenarzt, und die Klinik nimmt einen weiteren Aufschwung. Nach seinen Skizzen wird 1905 ein von dem Architekten Alfred Schellenberg ausgeführter Erweiterungsbau fertig gestellt. 1909 übernimmt Hermanns Sohn Adolf Pagenstecher die Leitung des Hauses, das im Ersten und Zweiten Weltkrieg erneut als Lazarett dient. Heute ist das Gebäude der ehemaligen Klinik ein Alten- und Pflegeheim.

Alexander Pagenstecher ist unvergessen – als bedeutender Augenchirurg und als ein sozial eingestellter Arzt, der auch den Ärmsten eine gute medizinische Versorgung zuteil werden ließ.

Herzogin Pauline von Nassau,
die warmherzige Landesmutter

Wiesbaden trug Trauer. Die Stadt, das ganze Land Nassau hatte seine Herzogin verloren – 27 Jahre war sie die Landesmutter gewesen. Als die junge Frau Herzog Wilhelms von Nassau, als dessen Witwe, die ihrem Stiefsohn Adolph den Rücken stärkte, bis er selbst heiratete. Nur ein Jahr später, als Adolphs Gemahlin Elisabeth im Kindbett starb, trat Herzogin Pauline wieder ans Licht der Wiesbadener Öffentlichkeit. Ihre große politische Stunde schlug am 4. März 1848, als sich 40.000 Menschen auf dem Schlossplatz versammelt hatten und die Erfüllung der „Neun Forderungen" der liberalen Bewegung durchsetzen wollten – wenn nötig, auch mit Waffengewalt, wie es den Anschein hatte. Herzog Adolph war nicht in Wiesbaden, sondern auf der Rückreise von Berlin. Als er am Abend endlich in Wiesbaden eintraf, war es Pauline gelungen, die aufgebrachte Masse hinzuhalten. Sie hatte sich mit ihrem 15-jährigen Sohn Nicolas persönlich dafür verbürgt, dass die Forderungen der Revolution vom Herzog erfüllt werden würden, und ließ noch am gleichen Tag 2.000 Gulden an Bedürftige in Wiesbaden verteilen.

Überhaupt war ihr die Verbesserung der Situation der Armen, vor allem der bedürftigen Frauen und Kinder, zeit ihres Lebens eine Herzenssache gewesen. Paulines Name ist untrennbar mit dem ehemaligen Paulinenstift, der heutigen Asklepios Paulinenklinik, verbunden. Sie hatte veranlasst, dass zur Armen- und Krankenpflege Diakonissen aus Kaiserswerth nach Wiesbaden geholt wurden, auch wenn sie deren Wirken in der Stadt nicht mehr erlebte. Herzog Adolph von Nassau, ihr Stiefsohn, rief nach ihrem Tod aus dem Nachlass Paulines die Stiftung ins Leben, bevor die ersten beiden Diakonissen eine „Mägdeherberge" einrichteten. Pauline hatte 1853 das evangelische „Rettungshaus für die Erziehung verwahrloster Kinder" gegründet, unterstützte am liebsten unerkannt in Not geratene Familien mit Rentenzahlungen und förderte verschiedene sozial tätige Frauenvereine in Nassau.

Und nun war sie tot – einem Lungenleiden erlegen, das die 46-Jährige in nur wenigen Monaten dahingerafft hatte. Während des großen Trauerzugs, der die sterbliche Hülle der Landesmutter von ihrem Witwensitz, dem Paulinenschlösschen oberhalb des alten Kurhauses, über die Wilhelmstraße, die Friedrichstraße und die Schwalbacher Straße zum Alten Friedhof überführte, nahmen die Wiesbadener von ihr Abschied – sie wurde beweint und betrauert, und nicht zuletzt galt die Hochachtung der Bevölkerung dem Wunsch der Herzogin, auch im Tode ihrem Volk nahe zu sein: Sie hatte verfügt, nicht in der nassauischen

Familiengruft in Weilburg, sondern auf einem bürgerlichen Friedhof in Wiesbaden bestattet zu werden. Ein Wunsch, der ihr erfüllt wurde. Noch heute steht das Paulinen-Mausoleum auf dem Alten Friedhof.

Vielleicht hätte sich Pauline Friederike Marie Prinzessin von Württemberg nach ihrer Hochzeit einen ähnlich beeindruckenden Zug durch Wiesbaden gewünscht. Hätte sich gern als neue Herzogin ihren Untertanen gezeigt, ihre Huldigungen entgegengenommen. Aber es sollte anders kommen.

Am 25. Februar 1810 als Tochter der Prinzessin Katharina Charlotte von Sachsen-Hildburghausen und des Prinzen Paul Karl Friedrich August von Württemberg geboren, ist Pauline nicht gerade an ein liebevolles Familienleben gewöhnt – der Alltag der Prinzessin ist von strengster Disziplin geprägt, die sogar Strafen für angeblich ungehöriges Schlafverhalten wie Schnarchen verhängt. Beispielsweise stundenlanges barfüßiges Stehen auf eiskaltem Steinboden, was häufige Krankheiten und wohl letztlich eine schwere Ohrenentzündung zur Folge hatte, die die Ursache für Paulines Schwerhörigkeit gewesen sein dürfte.

Am 23. April 1829 heiratet sie in ihrer Heimatstadt Stuttgart den 18 Jahre älteren Herzog Wilhelm I. von Nassau und trifft wenige Tage später in Wiesbaden ein. Der Herzog hat angeordnet, dass seitens der Bevölkerung kein feierlicher Empfang der neuen Herzogin zu erfolgen habe, also unterbleibt er auch – und so zieht die 19-jährige Pauline in aller Stille mit ihrer neuen Familie ins frisch renovierte und behutsam modernisierte Biebricher Schloss ein. Glückliche Ehejahre stehen ihr nicht bevor. Herzog Wilhelm war vorher mit ihrer Tante Luise von Sachsen-Hildburghausen verheiratet gewesen und bringt vier Kinder mit in die Ehe, denen die blutjunge Pauline jetzt die Mutter ersetzen soll. Die oftmals rüde Art ihres höchst autoritären Gemahls, der sich unverhohlen über ihre Schüchternheit, die sich in häufigem Erröten zeigt, und über ihre Schwerhörigkeit lustig macht, verletzt sie tief, und später nennt sie ihre Ehejahre ihre „Leidensgeschichte". Vier Kindern schenkt sie das Leben: Ein kleines Mädchen, das ein Jahr nach der Hochzeit geboren wird, überlebt den Tag seiner Geburt nicht – ein schreckliches Erlebnis für Pauline, die die schwere Geburt selbst fast das Leben kostet. Im August 1831 wird Helene geboren, ein Jahr später Nicolas, bevor Pauline anno 1836 ihre jüngste Tochter Sophie bekommt.

Pauline nimmt gern die karitativen Aufgaben einer Landesmutter wahr, reist viel und pflegt besonders enge Kontakte zum russischen Zarenhaus, denn ihre Schwester Helene ist mit Großfürst Michail, dem jüngsten Sohn von Zar Paul I. und Bruder von Zar Nikolaus I., verheiratet.

Das Leben der herzoglichen Familie ändert sich jäh, als Wilhelm am 19. August 1839 einen Schlaganfall erleidet und einen Tag später stirbt. Die 29-jährige Witwe zieht mit ihren Kindern vorläufig in das ehemalige Heer'sche Haus in der Rheinstraße 21. Für sie soll ein Witwensitz gebaut werden – bis sie allerdings in das am Beginn der Sonnenberger Straße am Hang gelegene „Paulinenschlösschen" einziehen kann, vergehen sechs Jahre.

Pauline nimmt weiterhin die Aufgaben einer Landesmutter wahr. Adolph von Nassau, Wilhelms Sohn, tritt die Nachfolge seines Vaters an, und er schätzt den Rat seiner nur um sieben Jahre älteren Stiefmutter. Zwischen beiden entwickelt sich ein freundschaftliches Verhältnis, das bösen Zungen Anlass zum Klatsch gibt – auch wenn es Pauline ist, die den Anstoß zu Adolphs Hochzeit mit ihrer Nichte Elisabeth Michailowna gibt, der Tochter ihrer Schwester Helene und des russischen Großfürsten Michail. Dieser Ehe ist nur ein kurzes Glück beschieden: Ein knappes Jahr nach der Hochzeit, am 28. Januar 1845, folgt die 18-jährige Herzogin ihrer am Vortag gleich nach der Geburt verstorbenen Tochter in die Ewigkeit.

Wieder übernimmt Pauline die Aufgaben der Herzogin von Nassau. Ihre Untertanen schätzen sie, und vor allem, weil sie durch ihre mutige Zusage 1848 in Wiesbaden Schlimmes verhindert und ihr karitatives Engagement sogar noch erweitert, steigert sich ihr Ansehen weiter. Nach der Hochzeit Herzog Adolphs mit Prinzessin Adelheid von Anhalt-Dessau im April 1851 überlässt Pauline die Aufgaben der Landesmutter der Jüngeren – längst ist sie aus dem Schatten von Gemahl und Stiefsohn getreten, längst hat sie sich durch ihr gesellschaftlich-soziales und mäzenatisches Wirken ihren eigenen Platz in der nassauischen Geschichte gesichert.

Als Pauline im Frühjahr 1856 an Lungentuberkulose erkrankt, ist die Besorgnis in der Bevölkerung ehrlich. Und als die Landesmutter am 7. Juli des gleichen Jahres die Augen für immer schließt, versinkt Wiesbaden in Trauer.

Wenn auch das Paulinenschlösschen bei einem Luftangriff 1945 zerstört wurde und sich an seiner Stelle heute ein Parkplatz befindet, so hat doch Paulines Mausoleum auf dem Alten Friedhof die Zeiten überdauert. Wiesbadens Prachtboulevard, die Wilhelmstraße, ist nach ihrem Gemahl benannt. Parallel dazu, hinter dem Warmen Damm, verläuft die Paulinenstraße, die ihr gewidmet ist. Längst nicht nur deshalb ist ihr Andenken in Wiesbaden bis auf den heutigen Tag lebendig.

Käthchen Paulus,
die tollkühne Luftheldin

Sie war eine Sensation. Ganz Wiesbaden war auf den Beinen, um die tollkühne Frau zu sehen, die gleich mit einem Ballon aufsteigen und sich dann an einem Fallschirm in die Tiefe stürzen würde. „Europas erste Luftheldin" wurde sie genannt oder „die Frau, die vom Himmel fiel". Sie führte ein bewegtes Leben, über das die Zeitungen gern berichteten. Und Wiesbaden war ihre Schicksalsstadt: Hier sah sie den ersten Ballonabsprung, der sie für den gefährlichen Beruf begeisterte, hier lernte sie ihre große Liebe, den Luftschiffer Hermann Lattemann, kennen, und hierhin kehrte sie mit ihren spektakulären Nummern immer wieder zurück.

Es ist der 22. Dezember 1868, an dem Katharina – „Käthchen" – Paulus in Zellhausen in der Nähe von Seligenstadt als Tochter von Johann Wilhelm Paulus und seiner Frau Anna Maria geboren wird. Der frühe Tod des Vaters schweißt Käthe und ihre Mutter eng zusammen. Über Käthes Kindheit ist wenig bekannt – nach der Schule beginnt sie eine Schneiderlehre. Mutter und Tochter wohnen in Frankfurt am Main, aber im Sommer 1889 weilen sie zur Kur in Wiesbaden. Für den 20. Juni wird im „Wiesbadener Bade-Blatt" ein besonderes Ereignis angekündigt: Der Luftschiffer Hermann Lattemann wird über dem Kurpark mit dem Ballon aufsteigen und dann einen Fallschirmabsprung vorführen. Der Kurpark ist voller Gäste, sogar der König von Dänemark und sein Bruder sind anwesend, um bei dem unerhörten Ereignis dabei zu sein. Eingebettet ist es in ein großes Gartenfest; die Zuschauer können alles – von der Füllung des Ballons bis hin zur triumphalen Rückfahrt Lattemanns von seiner Landestelle bei Dotzheim in den Kurpark – miterleben.

Die 20-jährige Käthe Paulus ist fasziniert von dem Sprung und von dem mutigen Mann, der ihn ausgeführt hat. Als sie bei einem Spaziergang im Kurpark ein paar Tage später zufällig sicht, wie er seinen Bal-

lon ausbessert, spricht sie ihn an. Lattemann erklärt ihr seine Technik und fragt sie scherzhaft, ob sie nicht auch einmal springen wolle – als sie begeistert nickt, ist sein Interesse an der ungewöhnlichen jungen Frau geweckt. In Frankfurt treffen sich die beiden wieder, und bald darauf verlieben sie sich ineinander. Käthe fängt an, Lattemann bei der Ausbesserung seiner Ballons und Fallschirme zu helfen, wobei ihre Schneiderausbildung sehr nützlich ist. Wenig später näht sie sogar seine Ballon- und Fallschirmhüllen selbst. Es ist ihr großer Traum, selbst einmal mit dem Ballon aufzusteigen – ihre Schwangerschaft verhindert das aber erst einmal. Am 7. März 1891 kommt Käthes Sohn Willy Hermann zur Welt. Sie bleibt unverheiratet, benennt Lattemann auch niemals offiziell als Vater ihres Kindes, obwohl die Liebesbeziehung der beiden längst ein offenes Geheimnis ist.

Zwei Jahre später erfüllt sich endlich Käthes Traum: Lattemann willigt ein, sie in einem Ballon aufsteigen und mit einem Fallschirm abspringen zu lassen. Theoretisch hat er ihr alles beigebracht, was sie dafür wissen muss – jetzt muss sie Mut und Geschick beweisen, wenn es darauf ankommt. Käthes Mutter, mit der sie nach wie vor zusammenlebt, ist wenig begeistert von den Ambitionen ihrer Tochter, stellt sich ihr aber nicht in den Weg. Käthes erster Sprung soll in Wiesbaden stattfinden, wird aber von der Kurdirektion nicht genehmigt. Deshalb erlebt Nürnberg Käthes Premierensprung, bei dem sie zwar ein paar Blessuren davonträgt, was aber ihre – und Lattemanns – Euphorie nicht schmälern kann.

Schnell entwickelt Käthe ihre Sprünge weiter. Noch im gleichen Jahr zeigt sie in Elberfeld eine Ballonfahrt mit doppeltem Fallschirmabsprung: Sobald sich der erste Schirm entfaltet, löst sie sich von diesem und fliegt im freien Fall, bevor sich der zweite Fallschirm öffnet.

Am 6. Juni 1894 können auch die Wiesbadener diesen „Doppelabsturz" von „Fräulein Paulus" miterleben. Wie üblich bei einem großen Gartenfest im Kurpark. Käthe liebt die Ballonfahrten, und fast noch mehr liebt sie den Rausch des Fallschirmabsturzes.

Zur Katastrophe kommt es nur wenige Tage nach dem Wiesbadener Triumph: Am 18. Juni 1894 haben Käthe Paulus und Hermann Lattemann in Krefeld einen Auftritt; sie steigen gemeinsam im Ballon auf und springen kurz hintereinander mit dem Fallschirm ab. Diesmal soll sich durch einen speziellen, von Lattemann erfundenen und schon mehrfach erprobten Mechanismus der Ballon unten öffnen, nach innen einschlagen und auf diese Weise selbst zum Fallschirm werden. Käthe springt mit ihrem herkömmlichen Fallschirm zuerst; Lattemann will ihr folgen – aber der Mechanismus versagt, und der Ballon mit dem Luftschiffer stürzt, nachdem das Gas entwichen ist, aus 1800 Metern Höhe wie ein Stein zu Boden.

Käthe, die den Todesflug ihres Lebensgefährten mit angesehen hat, erleidet einen schweren Schock. Dennoch gibt sie das Fallschirmspringen nicht auf. Bereits sieben Wochen nach dem tragischen Unfall kommt sie wieder nach Wiesbaden – in die Stadt, die für sie untrennbar mit Lattemann und ihrem gefährlichen und doch so geliebten Beruf als Luftschifferin verbunden ist. Sie ist die Attraktion eines weiteren Gartenfestes im Kurpark. Diesmal ist die Gondel des Ballons durch ein Trapez ersetzt, von dem sie ihren berühmten Doppelabsturz ausführt.

Schon im folgenden Jahr trifft Käthe Paulus ein neuer Schicksalsschlag: Ihr kleiner Sohn Willy erkrankt schwer an Diphtherie und stirbt am 7. Juli 1895. Käthe scheint zu fliehen – in den folgenden Monaten und Jahren reist sie rastlos durch Europa und tritt unzählige Male mit ihren Ballons und Fallschirmen auf, feilt an ihren Shows und bietet ständig neue Attraktionen. Immer wieder zieht es sie nach Wiesbaden, wo das Publikum sie begeistert feiert. Hier präsentiert sie beispielsweise im August 1898 ihren „Fahrrad-Ballon", der von einem Fahrrad mit Flügeln gesteuert wird. 1905 und 1906 lädt sie Passagiere ein, in ihren Ballons mitzufahren; und auch bei den Eröffnungsfeierlichkeiten des neuen Kurhauses ist Käthe Paulus dabei.

Im Mai 1914 ist sie zum letzten Mal mit einer Ballonfahrt für Passagiere in Wiesbaden zu Gast. Der Ausbruch des Ersten Weltkriegs beendet jäh ihre Karriere. Doch Käthe Paulus ist nicht nur Luftschifferin, sondern auch eine erfolgreiche Unternehmerin: Ihr Frankfurter Ballon-Atelier bietet Ballons in allen Formen und Größen an. Sie arbeitet an der technischen Verbesserung der Fallschirme, näht sie eigenhändig und erprobt sie selbst. 1916 wird sie von der Heeresverwaltung mit der Produktion von Fallschirmen beauftragt. Fast nebenbei erfindet sie den „Paketfallschirm", der 1921 patentiert wird.

Nach dem Krieg lebt Käthe Paulus zurückgezogen mit ihrer Mutter in Berlin. Hin und wieder besucht sie noch fliegerische Veranstaltungen, aber es ist ruhig geworden um sie. 1933 erkrankt Käthe Paulus an Unterleibskrebs. Sie stirbt am 26. Juli 1935 und wird in Berlin neben ihrer Mutter beigesetzt.

Es bleibt die Erinnerung an eine große Luftschifferin; an eine Pionierin der Luftfahrt, die Weltruf erlangte. Wiesbaden hat das Seine dazu beigetragen.

Wilhelm Heinrich von Riehl,

Schriftsteller, Kulturhistoriker und Journalist

Er war ein Multitalent, hat in seinem Leben viele Berufe ausgeübt. Er war Theologe, er war Zeitungsredakteur, er stand in bayerischen Staatsdiensten und wurde für seine Verdienste geadelt. Und Wilhelm Heinrich von Riehl lebte für die Schriftstellerei, veröffentlichte zahlreiche Novellen. Er war lange Jahre Hochschullehrer mit einem beeindruckenden Œuvre, auch wenn er die „Buchgelehrsamkeit" stets abgelehnt hat. Dennoch gilt er bis heute als Wegbereiter gleich mehrerer Wissenschaften. Sowohl die Kulturgeschichte als auch die Volkskunde und die Soziologie verdanken ihm entscheidende Impulse.

Wilhelm Heinrich Riehl wird am 6. Mai 1823 in Biebrich geboren. Sein Vater ist herzoglicher Schlossverwalter, sein Großvater pensionierter Haushofmeister. Er besucht die Lateinschule in Wiesbaden, dann das Landesgymnasium in Weilburg. Nach dem Freitod seines Vaters entschließt er sich, sicherlich auch der prekären Finanzlage geschuldet, zu einem Studium der Theologie, das er 1841 in Marburg aufnimmt und in Gießen und Tübingen fortsetzt. Nach dem theologischen Examen 1843 studiert Riehl Philosophie, Geschichte und Kunstgeschichte in Bonn, wo er von den Vorlesungen bei Ernst Moritz Arndt und Friedrich Christoph Dahlmann entscheidend geprägt wird. Der ursprüngliche Wunsch, Dorfpfarrer zu werden, tritt dabei immer mehr in den Hintergrund. Da ihm erste Veröffentlichungen eine hinreichend sichere Existenz versprechen, wendet er sich schließlich ganz dem Journalismus und der Schriftstellerei zu.

Riehl arbeitet nur kurz als freier Journalist. Schon bald findet er eine feste Anstellung bei der „Frankfurter Oberpostamtszeitung" und später bei der „Karlsruher Zeitung". 1848, im Zuge der Revolution in Nassau, wird er leitender Redakteur der von August Schellenberg ins Leben gerufenen „Nassauischen Allgemeinen Zeitung", eines liberalkonservativen Blattes. Zwei Jahre lang engagiert sich Riehl in Wiesbaden

als politischer Journalist, schreibt Artikel um Artikel, verfolgt die Entstehung und schließlich das Scheitern des Paulskirchen-Parlaments. Als die Zeitung aufgrund der erstarkenden restaurativen Tendenzen zum offiziösen Regierungsblatt wird, nimmt Riehl im Juni 1850 seinen Abschied. Bei der „Augsburger Allgemeinen Zeitung" – dem damals führenden Presseorgan in Deutschland – findet Riehl auf Einladung des Stuttgarter Verlegers Cotta eine neue journalistische Heimat.

In Augsburg veröffentlicht Riehl auch seine wichtigsten sozialpolitischen Schriften: 1851 „Die bürgerliche Gesellschaft" und zwei Jahre darauf „Land und Leute". Später wird er sie mit den Bänden „Die Familie" und dem „Wanderbuch" zu seinem Hauptwerk zusammenfassen – „Die Naturgeschichte des deutschen Volkes als Grundlage einer deutschen Sozialpolitik". Sein Werk findet weithin Beachtung. Riehl verknüpft Geschichte und Landschaft miteinander, schildert Land und Leute als Einheit – die Volkskunde verdankt ihm deshalb wichtige Anregungen. Sozialpolitisch vertritt Riehl einen konservativen Standpunkt, sieht die Umwälzungen der neuen Zeit deutlich herannahen und will sich ihnen doch entgegenstemmen. Nach seiner Ansicht muss eine „Wissenschaft vom Volke ... zur Rechtfertigung einer konservativen Social-Politik führen". In seinen Büchern entwirft er ein Bild der altständischen Gesellschaft als einen idealisierten Gegenentwurf zur industriellen Gesellschaft – ein Modell, das letztlich schon zu Riehls Lebzeiten überholt ist.

Der an Kunst und Wissenschaft interessierte bayerische König Maximilian II. holt Riehl aufgrund seiner Arbeiten 1854 nach München. Riehl erhält an der staatswissenschaftlichen Fakultät der Universität eine Honorarprofessur, die fünf Jahre später in eine ordentliche Professur für Kulturgeschichte und Statistik umgewandelt wird. Er ist zugleich Redakteur der halboffiziellen „Neuen Münchner Zeitung" und als „Oberredakteur der Preßangelegenheiten" gewissermaßen „Vertrauensmann der Regierung gegenüber der Presse". Aufgrund der nicht klar umrissenen Aufgaben und seiner halboffiziellen Stellung erreicht Riehl bereits ein Jahr später, dass ihm ein offizielles (und auch hinreichend auskömmliches) Amt übertragen wird – als Leiter des „Statistischen Bureaus". Zeit für seine publizistische und schriftstellerische Arbeit bleibt ihm aber dennoch genug – mehr als 50 Novellen und mehrere Romane hat er zu Papier gebracht.

Riehl ist auch ein äußerst populärer Hochschullehrer, der viele Studenten zu begeistern weiß und dessen Vorlesungen stets gut besucht sind. Zweimal – 1873/74 und 1883/84 – wird Riehl sogar Rektor der Universität. Für seine Verdienste wird er 1883 geadelt und darf sich fortan „von Riehl" nennen. 1885 wird er schließlich zum Direktor des

Bayerischen Nationalmuseums und zum Generalkonservator der Kunstdenkmäler und Altertümer Bayerns ernannt. Wilhelm Heinrich von Riehl stirbt am 16. November 1897 in München, wo er auch begraben wird. Aufgrund seiner zahlreichen Arbeiten wird Riehl oft als Vordenker und Begründer der Volkskunde, der Kulturgeschichte und auch der Soziologie genannt. Auch wenn seine Methoden heute kritisch gesehen werden und nicht mehr den Erfordernissen der modernen Forschung entsprechen – die Bedeutung Riehls für die Entwicklung der Wissenschaften im 19. Jahrhundert schmälert dies nicht.

Helmut Schön,

der Bundestrainer und „Mann mit der Mütze"

Er war der „Mann mit der Mütze" – der Kopfbedeckung, die zu seinem Markenzeichen wurde. Er war ein Schöngeist und musischer Mensch, dem oft der Vorwurf des Zögerns und Zauderns gemacht worden ist und der doch zu den höchst erfolgreichen Fußball-Bundestrainern zählt. Unter seiner Ägide wurden die Weltmeisterschaft 1974 und die Europameisterschaft 1972 gewonnen. Und der Lebensweg von Helmut Schön ist eng mit Wiesbaden verbunden – der Stadt, in der er für einige Zeit als Trainer gearbeitet hat und in der er die letzten Jahre seines Lebens verbrachte.

Helmut Schön wird am 15. September 1915 in Dresden als Sohn eines Kunsthändlers geboren. Nach dem Abitur macht er eine Lehre als Bankkaufmann und arbeitet anschließend im Außendienst einer Dresdner Arzneifirma. Parallel dazu hat er längst seine eigentliche Karriere im Fußball gestartet. Seit 1926 gehört er zur Jugendmannschaft des Clubs Dresdensia, 1930 wechselt er zum Dresdner SC 1898. Mit ihm wird er 1940 und 1941 Pokalsieger, 1943 und 1944 sogar Deutscher Meister. Zwischen 1937 und 1941 gehört er außerdem der Nationalmannschaft unter Sepp Herberger an.

1942 heiratet Helmut Schön Annelies Gräfe – er hat sie nach einem Spiel im Casino des Stadions kennen gelernt. 1944 wird Sohn Stephan geboren. Im Zweiten Weltkrieg ist Schön, abgesehen von einem kurzen Einsatz, vom Wehrdienst befreit. Die Bombardierung Dresdens im Februar 1945 übersteht die Familie unbeschadet. Nach 1945 spielt Schön für den SG Dresden-Friedrichstadt, absolviert im Winter 1949/50 in Köln bei Sepp Herberger seine Trainerausbildung und fungiert kurzfristig als Verbandstrainer in Ostdeutschland. Mitte 1950 verlässt er die DDR, um als Trainer zu Hertha BSC zu gehen. In der darauf folgenden Saison 1951/52 geht er in gleicher Funktion zum SV Wiesbaden. Er bleibt der Stadt fortan verbunden, auch wenn er bereits

1952 das Angebot des Präsidenten des Saarländischen Fußball-Bundes, Hermann Neuberger, annimmt, die Mannschaft des damals autonomen Saarlandes zu trainieren. Hier sammelt er wichtige Erfahrungen, die ihm später als Bundestrainer zugute kommen.

Mit der Eingliederung des Saarlandes in die Bundesrepublik tritt Schön in die Dienste des Deutschen Fußball-Bundes, wo er Assistent von Bundestrainer Sepp Herberger wird. Nach Herbergers Rücktritt 1964 übernimmt Schön dessen Amt – er wird es 14 Jahre lang innehaben. Zu seinen Erfolgen zählen neben dem Gewinn der Weltmeisterschaft 1974 und der Europameisterschaft 1972 auch der Vizeweltmeistertitel 1966 (nach dem umstrittenen „Wembley-Tor" im Endspiel, das der englischen Nationalelf den Sieg brachte), der dritte Platz in Mexiko 1970 und der zweite Platz bei der EM 1976. Schön tritt nach der Weltmeisterschaft 1978 in Argentinien von seinem Amt zurück, sein Nachfolger wird Jupp Derwall. Schöns erfolgreiche Amtszeit endet glanzlos: Deutschland unterliegt Österreich in der zweiten Finalrunde und scheidet aus. Auch wenn Schön häufig Kritik wegen seiner zurückhaltenden Art, seines angeblichen Zauderns einstecken musste – am Ende steht die Würdigung der großen Lebensleistung. Der Abschied fällt emotional aus; Udo Jürgens singt für ihn das Lied „Der Mann mit der Mütze geht nach Haus'".

Und Schön geht nach Haus' – nach Wiesbaden – und zieht sich weitgehend aus der Öffentlichkeit zurück. An Alzheimer erkrankt, stirbt Helmut Schön am 23. Februar 1996 in Wiesbaden. Mit einer großen Trauerfeier im Staatstheater nimmt die Fußballwelt Abschied vom langjährigen Bundestrainer. Seine letzte Ruhestätte findet Schön auf dem Wiesbadener Nordfriedhof. Seit 2009 trägt das Stadion an der Berliner Straße den Namen „Helmut-Schön-Sportpark".

Sigmund Schuckert,

Elektroingenieur und sozialer Unternehmer

Wer heute den Lichtschalter betätigt, den Stecker in die Steckdose steckt oder sein Auto startet, der denkt in der Regel kaum darüber nach, welche Ingenieurleistung hinter diesen scheinbar so simplen technischen Vorgängen steckt. Dabei sind es wahre Quantensprünge in der Industriegeschichte des 19. Jahrhunderts – und möglich gemacht hat sie ein Ingenieur, der ein Firmenimperium mitbegründete und die letzten Jahre seines Lebens in Wiesbaden verbrachte: Sigmund Schuckert.

Johann Sigmund Schuckert wird am 18. Oktober 1846 in Nürnberg als Sohn eines Böttchermeisters geboren. Er besucht die Volksschule und macht anschließend, da er technisches Interesse zeigt, eine Ausbildung zum Feinmechaniker. Nach dem Ende der Lehrzeit 1864 geht Schuckert auf eine zweijährige Wanderschaft, die ihn unter anderem nach München, Stuttgart, Hannover, Hamburg und Berlin führt, wo er für zwei Monate bei Siemens arbeitet, und kehrt 1866 nach Nürnberg zurück. 1869 reist Schuckert mit dem Wunsch auszuwandern in die USA, arbeitet in New York, Baltimore, Cincinnati – und zuletzt auch für die Telegraphenfabrik von Thomas Alva Edison, dem bekannten Allround-Erfinder und Unternehmer.

Aber bereits 1873 kehrt Schuckert nach Europa zurück, wo er die Weltausstellung in Wien besucht und dort den elektrischen Dynamo kennen lernt. Rasch erkennt er den Wert dieser Erfindung, die er künftig weiterentwickeln will. Noch im gleichen Jahr gründet er in Nürnberg eine kleine mechanische Werkstatt, in der er vor allem Reparaturen vornimmt, aber auch seinen ersten eigenen Dynamo baut.

In den folgenden Jahren macht Schuckert viele weitere Erfindungen: Neben Dynamomaschinen und Elektromotoren kommen Kohlebogenlampen hinzu, außerdem elektrische Stromzähler, Spannungs- und Strommesser, Schaltgeräte und Scheinwerfer, später sogar ganze

Straßen- und Lokalbahnen. 1878 installiert er für den bayerischen König Ludwig II. in Schloss Linderhof eine elektrische Beleuchtung. Die Firma wächst und wächst – 20 Jahre nach der Gründung zählt das Werk 8.000 Mitarbeiter –, und Schuckerts Produkte werden mit Preisen überhäuft. 1882 schließlich wird in Nürnberg die erste fest installierte elektrische Straßenbeleuchtung Deutschlands eingeweiht – mit drei Bogenlampen von Schuckert. Auch ganze Netzzentralen für Gleich- und Wechselstrom hat das Unternehmen im Angebot; ein wichtiger Schritt auf dem Weg zur Elektrifizierung der Großstädte.

Die Geschäftsleitung der Schuckert-Werke hat ihr Gründer, aufgrund der großen Beanspruchung von einem Nervenleiden angegriffen, da bereits abgegeben. Kaufmännischer Leiter ist seit 1882 Alexander Wacker, der drei Jahre später auch zum Teilhaber der jetzt als „OHG Schuckert & Co." firmierenden Gesellschaft wird. Schuckert beschränkt sich fortan weitgehend auf die Durchsetzung sozialer Anliegen in seinem Unternehmen: Er gründet eine Fabrikkrankenkasse, führt 1889 den damals fortschrittlichen 10-Stunden-Arbeitstag ein, zahlt Weihnachts-Gratifikationen und richtet 1890 Pensionskassen für Arbeiter und Angestellte ein. „Vater Schuckert", wie er von den Arbeitern auch genannt wird, entwirft auch Pläne von Wohnsiedlungen für die Mitarbeiter, die allerdings erst nach seinem Tod realisiert werden.

Krankheitsbedingt zieht Schuckert 1892 nach Wiesbaden, wo er auf Linderung seines Nervenleidens hofft. Er bezieht eine Villa in der Sonnenberger Straße 17a (heute Nr. 42) an der Ecke zur Richard-Wagner-Straße. Doch bereits drei Jahre später, am 17. September 1895, verstirbt Sigmund Schuckert, nicht einmal 49 Jahre alt. Seine letzte Ruhestätte findet er auf dem Wiesbadener Nordfriedhof. Sein Unternehmen fusioniert 1903 mit Siemens zu den „Siemens-Schuckert-Werken". Aus dem elektrochemischen Labor, das nicht von Siemens übernommen wird, entsteht 1914 unter Wackers Leitung die „Wacker-Chemie" in Burghausen. Schuckerts Witwe Maria Sophia erbt das beträchtliche Privatvermögen und engagiert sich ebenso wie ihr verstorbener Mann auf sozialem Gebiet.

An Sigmund Schuckert erinnern heute beispielsweise noch die Nürnberger „Sigmund-Schuckert-Stiftung", die Stipendien an bedürftige Schüler und Studenten vergibt, oder die „Wohnungsgenossenschaft Sigmund Schuckert", die älteste und größte Wohnungsgenossenschaft Nürnbergs.

Carl Schuricht,
international bekannter Dirigent und Mahler-Interpret

Wenn Sie an die schöpferischen Geister nicht heranreichen, deren Werke Sie spielen, dann schrauben Sie lieber die Kappe Ihres Füllhalters wieder zu. Vermehren Sie nicht das Heer der Unverstandenen." Der Autor dieser Zeilen voller Selbsterkenntnis, Carl Schuricht, weiß, wovon er spricht, denn er hat die Entwicklung selbst vollzogen: Aus dem jungen Komponisten ist mittlerweile ein berühmter Dirigent geworden – einer, der den Ruf Wiesbadens als Musikstadt in alle Welt trägt und dafür 1953 zum Ehrenbürger ernannt wird.

Carl Adolph Schuricht wird am 3. Juli 1880 in Danzig geboren. Sein Vater, ein Orgelbauer und Organist, ist drei Wochen vor Carls Geburt bei dem Versuch ertrunken, einen Freund zu retten. Die Mutter, Amanda Wusinowska, eine Oratoriensängerin und Pianistin, zieht mit ihrem Sohn schon bald über Berlin nach Wiesbaden. Hier besucht Carl Schuricht das Gymnasium und erhält Unterricht im Dirigieren beim damaligen Hofkapellmeister Franz Mannstaedt, nachdem er bereits zuvor erste Kompositions- und Dirigierversuche unternommen hat. 1901 geht Schuricht nach Berlin, wo er an der Hochschule für Musik Klavier und Komposition – unter anderem bei Engelbert Humperdinck – studiert. Es folgen weitere Studien bei Max Reger in Leipzig.

Eine erste Stelle führt Schuricht bereits 1901 als Korrepetitor nach Mainz; weitere Tätigkeiten in Dortmund, Bad Kreuznach und Goslar schließen sich an. 1907/08 ist er Kapellmeister in Zwickau, wo er vor allem Operetten dirigiert, und 1909 übernimmt er die Leitung des Rühl'schen Gesangvereins in Frankfurt am Main. Schurichts Lehr- und Wanderjahre enden, als er 1912 die Stelle als Musikdirektor in Wiesbaden antritt – eine mehr als drei Jahrzehnte während Lebensstellung, die 1922 mit der Ernennung zum Generalmusikdirektor gekrönt wird.

Parallel dazu leitet er zwischen 1913 und 1937 auch den Cäcilien-Chor, den Chor der Stadt Wiesbaden.

Trotz eigener viel beachteter Kompositionen konzentriert sich Schuricht fortan ganz aufs Dirigieren, wie er es in dem eingangs erwähnten Zitat beschreibt. Eine große Karriere nimmt damit ihren Lauf. Schuricht beschränkt sich bei den Aufführungen nicht auf das gängige Repertoire aus Klassik und Romantik, sondern gibt auch neueren oder weniger bekannten Werken eine Chance. „Klassische und romantische Musik zu betreuen wie einen Bauernhof und die moderne Musik zu verachten, scheint mir eine Feigheit erster Güte!" – so lautet sein Credo. Vor allem die Musik Gustav Mahlers hat es ihm angetan. Das 1. Deutsche Mahlerfest 1923 in Wiesbaden geht auf Schuricht zurück. Auch die Brahms-Rezeption unterstützt er, so mit dem Brahmsfest im Juni 1921, wo außer ihm auch Wilhelm Furtwängler dirigiert.

Schuricht holt zahlreiche berühmte Komponisten seiner Zeit wie Max Reger (der die Stadt aus seiner „Sturm- und Trankzeit" gut kennt), Richard Strauss, Hans Pfitzner oder Igor Strawinsky nach Wiesbaden, um deren Musik vorzustellen. Damit mehrt er nicht nur den Ruf Wiesbadens als Musikstadt, sondern befördert auch seine eigene Karriere als Gastdirigent. In der Folgezeit wird Schuricht zu den bedeutenden Orchestern Europas eingeladen, erstmals 1927 auch in die USA. Neben seiner Tätigkeit in Wiesbaden leitet er von 1931 bis 1933 auch das Leipziger Sinfonieorchester und 1933/34 den Philharmonischen Chor Berlin. Von 1937 bis 1944 ist Schuricht außerdem Erster Gastdirigent des Radio-Sinfonieorchesters Frankfurt und 1943/44 der Dresdner Philharmoniker, zu deren musikalischem Leiter er 1944 ernannt wird.

An musikalische Arbeit ist zumindest in Wiesbaden spätestens seit Sommer 1944 nicht mehr zu denken. Im gleichen Jahr geht Schuricht in die Schweiz, wo er fortan eng mit dem Orchestre de la Suisse Romande zusammenarbeitet. Eine feste Anstellung sucht der 64-Jährige allerdings nicht mehr, sondern beschränkt sich ganz auf Gastdirigate. Zu seinen bevorzugten Orchestern gehören auch die Wiener Philharmoniker, die er 1946 bei der Wiedereröffnung der Salzburger Festspiele und 1956 bei deren erster USA-Tournee leitet.

Carl Schuricht, der im In- und Ausland hoch angesehene Dirigent, stirbt am 7. Januar 1967 in Corseaux-sur-Vevey am Ufer des Genfer Sees; die Urne mit seinen sterblichen Überresten wird nach Wiesbaden überführt und auf dem Nordfriedhof beigesetzt. Nach ihm ist heute ein Salon des Kurhauses benannt.

Tony Sender,
Reichtagsabgeordnete und Vorkämpferin für Frauenrechte

W as sie nicht konnte, war, den Mund zu halten. Sie galt als brillante Rednerin, die sich von Zwischenrufen nicht aus dem Konzept bringen ließ. Unerschrocken prangerte sie an, was sie für falsch hielt, und wurde nicht müde, ihre Überzeugung zu predigen: Dazu gehörte, die Frauen aus der Abhängigkeit von ihren Ehemännern zu befreien, von ihrer politischen und sozialen Diskriminierung, wie sie sie empfand. Dazu gehörte ebenso, für gleiche Arbeit gleichen Lohn zu fordern, was damals utopisch schien. „Im neuen Staat, der deutschen Republik, ist die Frau wenigstens so weit aus früherer Rechtlosigkeit befreit, dass sie durch die Sozialdemokratische Partei das Recht zu wählen bekam. Und wir Frauen sind die Mehrheit in dem deutschen Volke. Auf uns kommt es darum an. Ihr Frauen und Mädchen, habt den Mut zum Neuen, habt den Mut zum Glück!" So hat es Tony Sender 1928 ausgedrückt – ihre Worte waren revolutionär. Dabei hätte sie es weit von sich gewiesen, eine Frauenrechtlerin zu sein. Sie war vielmehr eine Frau, die selbstständig und unabhängig vom Mann die Welt verändern, verbessern wollte.

Als Tony Sender am 29. November 1888 in Biebrich geboren wird, hat ihr niemand an der Wiege gesungen, dass sie einmal als eine der ersten Frauen im Deutschen Reichstag sitzen und später als amerikanische Staatsbürgerin für Menschenrechte kämpfen wird. Als dritter Tochter des orthodoxen jüdischen Kaufmanns Moritz Sender und seiner Frau Marie wird Tony – eigentlich Sidonie Zippora – die Enge ihres Biebricher Elternhauses schon sehr früh bewusst. Sie besucht die Volksschule und die höhere Töchterschule, will aber schon im Alter von 13 Jahren ein Stück Unabhängigkeit in ihrem Leben verwirklichen: Dazu verlässt sie ihre Heimatstadt und besucht die private Handelsschule für Mädchen in Frankfurt am Main. Bereits zwei Jahre später, noch vor

Abschluss der Schule, verdient sie sich als Bürogehilfin ihren Lebensunterhalt praktisch allein. Schon jetzt beginnt sie, sich politisch zu betätigen – als Mitglied der Gewerkschaft der Büroangestellten. Tony Sender versucht, ihren Bildungshunger mit dem Besuch der Abendschule und dem regelmäßigen Besuch von politischen und literarischen Vorträgen zu stillen. Sehr gern würde sie nach dem Abschluss der Handelsschule das Studium der Nationalökonomie aufnehmen, aber ihr Vater verweigert ihr die – damals noch notwendige – Zustimmung. Spätestens, als

Tony an Demonstrationen für das allgemeine Wahlrecht teilnimmt und dadurch in Konflikt mit der Frankfurter Polizei gerät, ist das Verhältnis zu ihrem konservativen Elternhaus stark getrübt. Und als Tony der SPD beitritt, soll das lautstarke Auseinandersetzungen vor allem mit dem konservativen Vater zur Folge gehabt haben.

Aber Tony lässt sich nicht beirren: Sie geht ihren Weg weiter. Als 1910 eine Frankfurter Firma für ihre Pariser Niederlassung eine Mitarbeiterin sucht, bewirbt sie sich – und ist überglücklich, als sie die Stelle auch bekommt: Endlich kann sie sich wirklich frei fühlen. Sie belegt Kurse an der Ecole des Etudiants Socialistes, engagiert sich für die SEIDO, die sozialistische Partei Frankreichs, und lernt alle bekannten französischen Politiker der Partei kennen.

Lang bleibt Tony Sender nicht in Frankreich: Als der Erste Weltkrieg ausbricht, verlässt sie Paris und kehrt nach Biebrich zurück, wo sich zur freiwilligen Arbeit in einem Lazarett meldet. Innerlich hadert sie mit der SPD – als sich innerhalb der Partei eine Opposition herausbildet, die USPD, schließt sie sich dieser an und übernimmt deren Leitung im Südwesten Deutschlands. Nach dem Krieg macht sie ihre parteipolitische Arbeit zu ihrem Beruf und wird Redakteurin in der Frankfurter Redaktion des USPD-Blatts „Volksrecht". Schnell macht sie Karriere in der Partei: 1919 wird Tony Sender Abgeordnete in der Frankfurter Stadtverordnetenversammlung, 1920 zieht sie als Abgeordnete für den Wahlkreis Hessen-Nassau sogar in den Reichstag ein. Dort bleibt sie bis 1933 – ab 1924 wieder als Mitglied der SPD, denn mit dem linken Flügel der USPD, der mit allem sympathisiert, was aus Moskau kommt, kann und will sie nicht. Tony Sender kehrt der Partei, die schon bald nur noch eine bedeutungslose Splittergruppe zwischen SPD und KPD ist, den Rücken und kehrt mit einigen Gleichgesinnten zur SPD zurück.

Neben ihrer Arbeit als Reichstagsabgeordnete findet Tony Sender immer wieder Zeit, sich dem journalistischen Schreiben zu widmen. So verfasst sie beispielsweise Artikel für die Betriebsräte-Zeitschrift des Deutschen Metallarbeiter-Verbandes und übernimmt ab 1928 die Redaktion der Zeitschrift „Frauenwelt", einer Illustrierten der SPD. Auch der Gewerkschaftsarbeit bleibt sie treu: Tony Sender vertritt die deutsche Arbeiterschaft auf internationalen Tagungen.

Eine so engagierte Vertreterin der Arbeiterbewegung musste für die Nationalsozialisten eine ernst zu nehmende Gegnerin sein. Unmittelbar nach der „Machtergreifung" Hitlers erhält Tony Sender offene Morddrohungen, und schnell wird ihr klar, dass sie in Deutschland keine Zukunft mehr hat: Sie flieht am 5. März 1933 in die Tschechoslowakei. Dort engagiert sie sich zwar im antinazistischen Widerstand, plant aber schon ihre Weiterreise nach Belgien. Auch in Antwerpen ist Tony Sender in der Widerstandsarbeit gegen Hitler-Deutschland aktiv. Nach reiflicher Überlegung entschließt sie sich 1935, in die USA zu emigrieren. Dort folgt sie konsequent weiter ihrem Ziel, klärt in unzähligen Vorträgen und Artikeln über die Situation im Dritten Reich auf. Und auch in Übersee macht Tony Sender schnell Karriere: 1941 wird sie beim Office of Strategic Services in Washington Direktorin für europäische Arbeitsforschung. Zwei Jahre später nimmt sie die amerikanische Staatsbürgerschaft an und wird Repräsentantin der American Federation of Labor (AFL) beziehungsweise des Internationalen Bundes Freier Gewerkschaften beim Wirtschafts- und Sozialrat der Vereinten Nationen. Zudem engagiert sie sich in der UN-Menschenrechtskommission und der Kommission zur Rechtsstellung der Frau. Sie wird nicht müde, die Frauen zum Kampf gegen ihre Ungleichbehandlung in einer von Männern dominierten Welt aufzurufen – ihr großes Thema ist für Tony Sender noch lange nicht erschöpft.

Nach dem Krieg bereist sie mehrfach Europa und besucht auch die deutschen Westzonen. Eine endgültige Rückkehr kommt für Tony Sender aber nicht mehr in Frage – sie hat längst eine neue Heimat gefunden. Nach einem Schlaganfall stirbt sie am 26. Juni 1964 in New York.

Seit 1992 verleiht die Stadt Frankfurt zu ihrem Gedächtnis alle zwei Jahre den „Tony-Sender-Preis" für „hervorragende innovative Leistungen, die der Verwirklichung der Gleichberechtigung der Geschlechter dienen und der Diskriminierung von Frauen entgegenwirken". In Biebrich ehrte man sie 1988 mit der Ausstellung „100 Jahre Tony Sender"; dort besteht bis heute ein Alten- und Pflegeheim, das ihren Namen trägt.

Tony Sender – unbequem und unangepasst, Rebellin und Weltbürgerin, die sich in keine Schablone pressen ließ. Dass man sich in ihrer Heimatstadt, die bereits der 13-Jährigen zu eng geworden war, bis heute an sie erinnert, hätte sie sicher dennoch gefreut.

Johann Jacob Söhnlein,

Schiersteiner Sektfabrikant und Freund Richard Wagners

Kiel, Kaiserliche Werft, kurz nach 1900. Riesig und grau, wie ein gestrandeter Wal, liegt der Rumpf des mächtigen neuen Linienschiffs auf der Helling. Es herrscht Kaiserwetter – pünktlich zum Stapellauf des neuesten Kriegsschiffs Seiner Majestät. Ein Musikkorps spielt Marschmusik, überall sieht man blau-goldene Marineuniformen, Schärpen und Epauletten, blitzende Orden, Zweispitze und prächtige Federbüsche. Die vaterländischen Reden wollen kein Ende nehmen, bis es schließlich soweit ist: Krachend zerschellt die Sektflasche am Bug, und wie auf ein geheimes Kommando gleitet der mächtige Rumpf erst langsam, dann immer schneller in die Fluten der Kieler Förde.

So oder so ähnlich mag es sich zugetragen haben, wenn im Kaiserreich neue Kriegsschiffe vom Stapel gelassen wurden. Doch eine Konstante durchzog über viele Jahre die Taufzeremonien auf deutschen Werften – sei es nun in Kiel, Danzig oder Wilhelmshaven: Stets war es eine Flasche Söhnlein-Sekt, die am Bug der brandneuen Schiffe zerbarst – eines der ersten Markenprodukte des ausgehenden 19. Jahrhunderts. Nicht nur in den Offiziersmessen, auch in der Passagierschifffahrt war das perlende Getränk aus Schierstein äußerst beliebt. Viele deutsche Reedereien ließen ihre Speisesäle und Restaurants mit Söhnlein-Sekt beliefern. Die Bekanntheit der Marke ist dabei vor allem ihrem Gründer zu verdanken: dem Sektfabrikanten und höchst umtriebigen Geschäftsmann Johann Jacob Söhnlein.

Söhnlein wird am 18. September 1827 in Frankfurt am Main geboren. Schon als Kind wird er Vollwaise; dennoch wird ihm der Besuch der Musterschule in Frankfurt ermöglicht, einer Volksschule für überdurchschnittlich Begabte. Mit 15 Jahren absolviert er eine Lehre in einer Weingroßhandlung, mit 17 wechselt er zu einer Offenbacher

Tabakfabrik, und mit 21 gründet er in Frankfurt seine eigene Firma –
eine Fabrik für Rauchtabak, vornehmlich für den Export nach Amerika. Hören wir, wie Söhnlein in seinen Lebenserinnerungen den
schnellen geschäftlichen Erfolg beschreibt: „Das Unternehmen
erreichte rasch Ausdehnung und veranlasste zur Anlage von Filialen in
Bensheim, Lorsch, Lampertheim a. d. Bergstraße und Schierstein im
Rheingau, welch letzteren Ort ich in den 50er Jahren zu meinem
Wohnsitz erwählt ..."

Söhnlein heiratet die Tochter eines wohlhabenden Seifensieders,
und 1864 bietet sich ihm die Gelegenheit, auch außerhalb der Tabak-
branche tätig zu werden. Im Alter von 37 Jahren gründet er mit sechs

weiteren Wiesbadener und Mainzer Bürgern in Schierstein die „Rheingauer Schaumweinfabrik". Söhnlein wird Vorstandsvorsitzender und Direktor, 1899 geht die Kellerei schließlich ganz in seinen Besitz über. Dank der Künste seines Kellermeisters Leonhard Schneider können es Söhnleins Erzeugnisse bald mit der französischen Konkurrenz aufnehmen – erst recht, als sich seit 1877 die Möglichkeit bietet, hochwertige Grundweine von der Domäne Schloss Johannisberg zu erwerben.

Doch der Fabrikant setzt nicht nur auf Qualität, sondern auch auf Marketing. Sein „Söhnlein Rheingold" ist eines der ersten Markenprodukte der Branche, das von der Wagner-Begeisterung jener Tage profitiert – und seine Entstehung der persönlichen Verbindung zwischen dem Sektfabrikanten und dem Komponisten verdankt, der immerhin fast ein ganzes Jahr lang im benachbarten Biebrich gewohnt hat und 1876 in Bayreuth zum ersten Mal den kompletten „Ring des Nibelungen" zur Aufführung bringt.

Söhnlein selbst beschreibt in seinen Lebenserinnerungen den Vorgang so: „Ein Zufall ließ mich die Bekanntschaft Richard Wagners machen, ein guter Gedanke mich auf den Einfall kommen, dem besten Erzeugnis meiner Kellerei … die Benennung ‚Rheingold' beizulegen und Wagner zu bitten, dem Wein bei der ersten Bayreuther Aufführung, die Weihe als ‚Rheingold' zu verleihen." Dem Komponisten, der sich die Namensrechte sicherlich fürstlich entlohnen ließ, wird hingegen das folgende Bonmot in reinstem Sächsisch zugeschrieben: „Nu, da gommt ja mein Rheingold flüssig noch dausenden mehr Leuten in den Mund als in die Ohren."

Söhnlein setzt auch auf geschickte Markenwerbung, künstlerisch gestaltete Anzeigen – und auf die Werbewirkung der Kaiserlichen Marine. Kaiser Wilhelm höchstselbst verfügt, dass „fortan und für alle Zeit" bei Kriegsschifftaufen nur die Marke „Rheingold" zu verwenden ist. Die Flotten-Begeisterung im späten 19. und frühen 20. Jahrhundert tut ein Übriges, um die Sektmarke weiter bekannt zu machen.

Als arrivierter Unternehmer lässt sich Söhnlein zwischen 1873 und 1878 ein elegantes Anwesen in Schierstein errichten – die „Söhnlein-Villa" an der Ecke Kettenborn- und Zehnthofstraße, ein Schlösschen im Stile des französischen Klassizismus. Die vielleicht noch bekanntere

„Söhnlein-Villa", das „Weiße Haus" in der Wiesbadener Innenstadt, nur wenige Schritte vom Kurhaus entfernt, errichtet hingegen erst sein Sohn, Friedrich Wilhelm Söhnlein, als er Anfang des 20. Jahrhunderts eine reiche amerikanische Brauereibesitzerstocher heiratet.

Johann Jacob Söhnlein ist da längst nicht mehr nur ein erfolgreicher Unternehmer, er engagiert sich auch auf vielfältige Art und Weise. Er ist Mitglied der Wiesbadener Handelskammer, gehört dem Bezirks- und Landes-Eisenbahnrat an, ist Delegierter des Roten Kreuzes und gehört zu den Gründern des Vorschuss-Vereins in Schierstein, einem Vorläufer der Volksbank.

Söhnlein stirbt am 24. Januar 1912. Seine Sektmarke besteht bis zum heutigen Tag – wenn auch nicht mehr in Familienbesitz. 1958 wurde die Firma an die Familie Oetker verkauft und knapp drei Jahrzehnte später mit dem zweiten großen Wiesbadener Sektproduzenten zur Henkell & Söhnlein Sektkellereien KG vereinigt.

Friedrich von Thiersch,
der Architekt des Kurhauses

Elegante Damen in Abendgarderobe flanieren über die Marmorfliesen des Foyers, begleitet von Herren in schwarzen Smokings. Sie stehen in Grüppchen zusammen, nippen an ihren Gläsern mit Winzersekt, plaudern, lachen, sind bester Stimmung, eben im Ball-Fieber. Und wohl kaum ein anderes Gebäude könnte einen schöneren Rahmen für den alljährlichen „Ball des Weines", das bundesweit vielleicht glamouröseste gesellschaftliche Ereignis, abgeben als das Wiesbadener Kurhaus. Und es ist kein Wunder, dass der schönste und größte seiner Säle nach dem Erbauer dieses architektonischen Schmuckstücks benannt ist – nach Friedrich von Thiersch, dem Multitalent des Historismus.

Friedrich Max Thiersch – das „von" erhält er erst kurz vor der Jahrhundertwende – wird am 18. April 1852 in Marburg geboren. Er studiert Architektur in Stuttgart und geht anschließend nach Frankfurt am Main, wo er für das Architekturbüro Mylius und Bluntschli arbeitet. 1878 macht er sich selbstständig. Auf Reisen quer durch Europa studiert er eingehend die verschiedenen Formen der Architektur – ein Wissensfundus, aus dem er später schöpfen kann. Thiersch gilt bis heute als ein Meister der Symbiose historischer Baustile, der verschiedene Formensprachen zu einem neuen, prachtvollen und harmonischen Ganzen zusammenfügen konnte und der zugleich neueste technische Möglichkeiten nutzte.

1879 wird Thiersch als außerordentlicher Professor an die Technische Hochschule München berufen, 1882 erhält er eine ordentliche Professur. Im gleichen Jahr nimmt Thiersch am Wettbewerb um den Bau des Reichstagsgebäudes teil und erhält den 1. Preis – zusammen mit Paul Wallot, einem anderen bekannten Architekten seiner Zeit (der seinen Lebensabend übrigens in Biebrich verbracht hat). Da nur ein Entwurf zur Ausführung kommen kann, fällt die Wahl schließlich auf Wallot. Trotz dieser Konkurrenz schätzen sich die beiden Kollegen,

und sie bleiben auch in den folgenden Jahren in engem Kontakt. Auch beim Wettbewerb um den Bau des Reichsgerichts in Leipzig unterliegt Thiersch, erzielt aber immerhin einen Achtungserfolg. Und als er den Ruf an die Technische Hochschule Charlottenburg erhält, will man ihn in München halten. Thiersch bekommt – namentlich auf Fürsprache des Prinzregenten – den Auftrag zum Bau des Justizpalastes.

Thiersch entwirft ein imposantes Gebäude im Stil des Neobarock, das allerdings auch moderne Architekturelemente aufgreift – beispielsweise in Form einer zentralen Glaskuppel. Kuppel-Konstruktionen aus Metall und Glas werden in den folgenden Jahren eine Spezialität Thierschs, so auch im Wiesbadener Kurhaus und – besonders augenfällig – in der Festhalle auf dem Frankfurter Messegelände. Der Münchner Justizpalast gilt als Thierschs architektonische Visitenkarte; schon bald zählt er zu den bekanntesten Architekten Deutschlands. Als der Bau 1897 fertig gestellt ist, erhält Thiersch die Rittermedaille der bayerischen Krone, ist damit in den Adelsstand erhoben und darf sich fortan „Ritter von Thiersch" nennen.

Und auch Kaiser Wilhelm II. wird auf Thiersch aufmerksam, und so geht der Auftrag zum Bau des Wiesbadener Kurhauses schließlich an ihn. Die Ausgangslage ist nicht einfach – denn viele Wiesbadener hängen an ihrem alten Kurhaus, dem eleganten, schlichten, klassizistischen Zais-Bau. Thiersch greift dessen Fassadengliederung und Formensprache auf, sodass sich sein Neubau trotz deutlich größerer Ausmaße elegant in das Ensemble aus Kurhaus-Kolonnaden und Theater einfügt. Für die Außenmauern wählt Thiersch beigefarbenen Sandstein; innen beeindruckt der Bau mit Marmor und edlen Hölzern. Für den 1907 fertig gestellten Bau wird nur das Beste vom Besten verwendet – kein Wunder, dass am Ende die Baukosten fast doppelt so hoch ausfallen wie die ursprünglich veranschlagten drei Millionen Mark …

Angesichts des neuen glanzvollen Mittelpunkts der Kurstadt rückt die Budgetfrage allerdings ganz schnell aus dem Blickfeld. Denn der Bau begeistert – allen voran den Kaiser. Und Thiersch erhält weiter große Aufträge. Beispielsweise den für das Neue Justizgebäude in München (nachdem sein Justizpalast bereits nach wenigen Jahren zu klein geworden ist). Er entwirft auch die Festhalle in Frankfurt, die 1909 eingeweiht wird. Zu Thierschs Bauwerken im Rhein-Main-Gebiet gehört übrigens auch die 1885 eröffnete Rheinbrücke zwischen Mainz und Kastel, die heutige Theodor-Heuss-Brücke.

Friedrich von Thiersch, einer der bedeutendsten Architekten der Gründerzeit und der Wilhelminischen Ära, stirbt am 23. Dezember 1921 in München und wird auf dem dortigen Waldfriedhof bestattet. Mit dem Friedrich-von-Thiersch-Saal im Wiesbadener Kurhaus, dem Ort zahlreicher festlicher Veranstaltungen und Konzerte, ist sein Name noch heute einem breiten Publikum geläufig.

Richard Wagner,

auf Rheingold hoffte er in Biebrich vergebens

Missmutig schaut der kleine Mann mit dem großen Ego hinaus auf den träge dahinfließenden Rhein. Nein, seine Hoffnungen und hochfliegenden Pläne haben sich ein weiteres Mal nicht erfüllt. Seine Geldquellen – wieder einmal versiegt. Seine Ehefrau – erneut enttäuscht geflohen vor dem tristen Joch einer Verbindung, die nur noch auf dem Papier besteht. Seine Geliebte – verschreckt von dem Gedanken an eine wilde Ehe mit dem verheirateten Mann. Und ans Komponieren ist unter diesen Umständen erst recht nicht zu denken – schon gar nicht mit einer bandagierten Hand, die der bissige Hund seines Vermieters verletzt hat …

Voll trüber Gedanken starrt der große Komponist mit den noch größeren Problemen aus seinem Fenster der herrschaftlichen Villa in Biebrich. Blickt auf die grauen Fluten, die ihm eigentlich einmal Inspiration sein sollten und ihm nun doch nur die träge Unerbittlichkeit des Lebens vor Augen führen. Und er weiß, dass er wieder einmal überhastet aufbrechen, seine bisherige Existenz hinter sich zurücklassen muss. Zum wievielten Mal eigentlich in seinem Leben?

Nein, der knapp einjährige Aufenthalt in Biebrich ist für Richard Wagner kein Erfolg gewesen. Dabei hat sich eigentlich alles so gut angelassen: Die Nähe zu seinem Verleger Schott in Mainz, auf dessen Vorschüsse er hemmungslos setzt. Die Nähe zum Rhein – dem urdeutschen Strom, der ihn zu neuen Musikdramen beflügeln soll. Ein „deutsches" Kunstwerk soll es sein – die „Meistersinger von Nürnberg" sind bereits begonnen, sollen hier, im milden Klima der nassauischen Residenzstadt, vollendet werden. Eine schöne Wohnung mietet er, der ehemalige politische Flüchtling. Er lässt allmählich seine Möbel nachkommen. Selbst Ehefrau Minna, nach zahlreichen Affären längst von ihm getrennt, lässt sich zu einem erneuten Versuch überreden, es doch noch einmal miteinander zu probieren.

Doch es kommt letztendlich anders. Wieder einmal scheitert Wagner – zuallererst an sich selbst, an seinem Hang zur maßlosen Verschwendung, seinem Hang zur Bohème, und nicht zuletzt seinem offenen Hang zu amourösen Abenteuern, der im prüden 19. Jahrhundert als skandalös gilt. Auch seine Musik gilt vielen als anstößig: Der große Erneuerer in der Musikgeschichte, der Komponist von „Zukunftsmusik" – er polarisiert wie kaum ein anderer Künstler seiner Zeit. Seine Werke, zumindest die späteren, sind keine Opern im herkömmlichen Sinne, sondern „Musikdramen". Werke, die man entweder bewundert – oder abgrundtief verabscheut.

Es ist ein höchst unstetes Leben, das den Komponisten von Werken wie „Rienzi", „Tannhäuser", „Lohengrin" oder „Der Fliegender Holländer" 1862 nach Biebrich führt. Richard Wagner ist ein Kind des Krieges. Geboren in Leipzig im Jahr der Völkerschlacht 1813, verliert er schon wenige Wochen später durch Krankheit seinen Vater. Die Mutter zieht nach Dresden, wo Richard mehr schlecht als recht die Schule besucht, später zurück nach Leipzig, wo sich Wagner als Student einschreibt und die Grundlagen der Musik erlernt.

Eine erste Stelle führt ihn als Chordirektor nach Würzburg, es folgen Stationen in Bad Lauchstädt und Magdeburg. 1836 heiratet er Minna Planer, eine Schauspielerin, die bereits eine uneheliche Tochter hat. Das Paar zieht nach Königsberg, später nach Riga, wo Wagner eine Stelle als Musikdirektor am Theater findet. Doch bereits ein Jahr später zwingen ihn immense Schulden, die ihn fast sein ganzes Leben lang begleiten sollen, dazu, die Stadt fluchtartig zu verlassen. Ein altersschwaches Segelschiff bringt das Ehepaar über die stürmische Ostsee – über London reisen sie weiter nach Paris, wo Wagner auf den ersehnten musikalischen Durchbruch hofft. Doch statt im Erfolg endet der Aufenthalt im Elend. Gegen den vorherrschenden Musikgeschmack, gegen den arrivierten Musikbetrieb kann sich der Newcomer nicht behaupten. Enttäuscht und hoch verschuldet kehrt man 1842 nach Deutschland zurück. Hier endlich gelingt ihm der Durchbruch. Er wird Hofkapellmeister in Dresden, feiert Erfolge mit seinem „Rienzi" und bringt den „Fliegenden Holländer" auf die Bühne. Doch schon 1849 ist es mit der Erfolgssträhne wieder vorbei. Wagners Sympathien für die Revolution, seine Beteiligung am Aufstand in Dresden zwingen ihn zur Flucht aus Deutschland und machen seine gerade gewonnene bürgerliche Existenz wieder zunichte.

Wagner findet Aufnahme in der Schweiz, wo der reiche deutsche Fabrikant Otto Wesendonck ihm ein „Asyl" neben seiner Villa einrichtet. Doch Wagner verspielt auch diesen Kredit und ruiniert zugleich seine Ehe, da ihn mit Wesendoncks Gattin Mathilde mehr als nur freundschaftliche Gefühle verbinden. Ergebnis der Züricher Zeit sind die von Wagner vertonten „Wesendonck-Lieder" – und der Stoff für „Tristan und Isolde".

Es beginnen erneute Wanderjahre. Wagner geht ein zweites Mal nach Paris, wo sein „Tannhäuser" einen veritablen Skandal hervorruft. Nachdem er aufgrund einer Teilamnestie auch wieder deutschen Boden betreten darf, zieht er 1862 nach Biebrich, wo er einige Zimmer in einer gerade erst errichteten Villa am Rheinufer mietet (das Haus ist äußerlich fast unverändert erhalten, an der Gartenmauer erinnert eine Gedenktafel an den prominenten Mieter) und wo er fast ein Jahr lang bleibt. Die Hoffnung auf eine Aussöhnung mit Gattin Minna, die getrennt von ihm in Dresden wohnt, erfüllt sich jedoch nicht. Auch das Werben um die Notarstochter Mathilde Maier aus Mainz ist letztlich vergebens …

Aber Wagner hat bereits neue Pläne. Von Biebrich aus zieht er nach Wien, wo er den „Tristan" aufführen will – und scheitert. Hoch verschuldet muss er fliehen, bis ihn nach einer wahren Odyssee in Stuttgart ein Abgesandter König Ludwigs II. aufstöbert. Der König bietet ihm an, ihn „fürderhin aller Belästigungen des gewöhnlichen Gelderwerbes" zu entheben. Richard Wagner sagt mit Freuden zu, zieht nach München – und macht sich auch hier innerhalb kürzester Zeit unmöglich. Erneut muss er ins Exil in die Schweiz, wenn auch diesmal mit königlicher Apanage. Wagner zieht nach Tribschen am Vierwaldstätter See, und mit ihm zieht Cosima von Bülow, Ehefrau seines Dirigentenfreundes Hans von Bülow und mittlerweile seine Geliebte. Die beiden heiraten 1870, nachdem Minna Wagner gestorben ist und Bülow in die Scheidung eingewilligt hat.

Die letzte große Lebensstation Wagners heißt Bayreuth. In der bayerischen Provinzstadt will er sein Festspielhaus errichten, den „Ring des Nibelungen" aufführen. Das ehrgeizige Festspielprojekt überschattet die letzten Lebensjahre, denn finanziell ist das feierliche Ereignis vom Sommer 1876 ein Fiasko. Zahlreiche Konzertreisen sind nötig, um wenigstens die drückendsten Schulden zu decken. Und Richard

Wagner arbeitet an seinem letzten Werk – dem „Parsifal", der 1882 in Bayreuth zur Uraufführung kommt. Beinahe folgerichtig endet das unstete Wanderleben Richard Wagners in der Fremde. Nach den Festspielen von 1882 bricht er mit seiner Familie zu einem mehrmonatigen Italien-Aufenthalt auf. Der Tod ereilt ihn in Venedig: Am 13. Februar 1883 erliegt Richard Wagner im Palazzo Vendramin-Calergi, seinem dortigen Wohnsitz, einem Herzanfall.

Seine Musik hat Richard Wagners Lebenszeit überdauert. Seine Musikdramen gehören zum gängigen Repertoire der großen Opernhäuser. Auch Wiesbaden, wo in jüngerer Zeit wieder der komplette „Ring" auf die Bühne gekommen ist, darf sich mit Fug und Recht als „Richard-Wagner-Stadt" fühlen. Erst recht, da der große Komponist mit dem noch größeren Ego hier eine höchst ereignisreiche Station seines abenteuerlichen Lebens verbracht hat.

Wilhelm II.,

der kaiserliche Kurgast

Wiesbaden, 11. Mai 1907. Es herrscht Kaiserwetter in der Kurstadt. Drinnen, im gerade neu errichteten Kurhaus, erschallen vielstimmige „Hoch"-Rufe. Die Honoratioren der Stadt, allen voran Oberbürgermeister Carl von Ibell, haben sich versammelt – in Uniform oder in Frack und Schleife. Denn Seine Majestät Kaiser Wilhelm II. höchstselbst hat sich die Ehre gegeben, das „schönste Kurhaus der Welt" feierlich einzuweihen. In der Gala-Uniform der Leibhusaren nimmt der Kaiser die Huldigungsreden entgegen, besichtigt den Prachtbau – dessen Entstehung er selbst kräftig gefördert hat –, besucht das feierliche Eröffnungskonzert und verteilt Orden an den Bauherren und den Architekten.

Es ist nicht der erste und bei weitem nicht der einzige Besuch Wilhelms II. in der Kurstadt. Seine Majestät kommt seit 1894 regelmäßig jeden Mai hierher, logiert im Stadtschloss, reitet täglich aus – und besucht die nach ihm benannten „Kaiserfestspiele", die heutigen Maifestspiele. Die Kinder haben schulfrei, wenn der Kaiser eintrifft. Die Wilhelmstraße ist mit Fahnen, Girlanden und einem Ehrenbogen geschmückt, die Menge steht Spalier und jubelt – und der Kaiser genießt die Huldigungen sichtlich. Empfänge, Paraden, Pomp und Tschingdarassabumm – wann immer Seine Majestät eintrifft, herrscht Ausnahmezustand im ansonsten eher beschaulichen Wiesbaden.

Das erste Mal kommt Wilhelm II. im Jahr 1890, um die österreichische Kaiserin Sisi zu treffen. Da ist er gerade einmal dreißig Jahre alt und schon seit zwei Jahren auf dem Thron. Sein Vater, Friedrich III., ist als der unglückliche „99-Tage-Kaiser" in die Geschichte eingegangen – 1897 wird ihm in Wiesbaden ein Denkmal gesetzt, ebenso wie schon 1894 seinem Vater, Wilhelm I. Beide Male ist Wilhelm II. zur Denkmalseinweihung erschienen. Und seither kommt der „Reisekaiser" regelmäßig – in späteren Jahren gewissermaßen auf der Durchreise von

seinem Frühjahrsdomizil auf Korfu zu einem Besuch der „Reichslande"
Elsass und Lothringen.

Wilhelm II. genießt die Atmosphäre in der Kurstadt, das Leben fern
der strengen Etikette des Berliner Hofes. Schon morgens um sieben,

noch vor dem Frühstück, pflegt er ins Nerotal oder in Richtung Platte auszureiten. Abends genießt er von seiner Hofloge aus die Vorstellungen im Theater, die häufig genug auf seinen Geschmack abgestimmt sind. Der Kaiser amüsiert sich auf Bällen und beehrt gelegentlich auch Privatleute mit seinem Besuch. Der kaiserliche Gast ist ein Aushängeschild für die Stadt und zugleich ein Förderer des Tourismus, denn viele Schaulustige kommen extra, um den Kaiser zu sehen.

Wilhelm II. wird in Wiesbaden hofiert – und mischt sich überall gern ein. Er nimmt regen Anteil an der Entwicklung zur modernen Großstadt, besichtigt Baustellen – auch die des Kurhauses –, äußert Wünsche und Vorschläge. Auch wenn diese nicht immer durchführbar sind: wie beim Bau des Palast-Hotels, als man Überreste römischer Thermen findet, die der Kaiser mit Interesse besichtigt und erhalten wissen möchte. Doch eine Integration in das neue Gebäude kommt letztlich zu teuer, und so verschwinden die römischen Relikte unter dem noch heute stehenden Prachtbau.

Auch der Kurhaus-Neubau wird am Ende doppelt so teuer wie geplant – nicht zuletzt deshalb, weil bei allen Materialien nur das Beste verwendet wird. Bei der feierlichen Einweihung mit Schildkrötensuppe, Helgoländer Hummer, Lendenstücken und Masthuhn sind die Querelen ums Geld dann rasch vergessen. Kaiser und Kurgäste haben endlich den ersehnten neuen festlichen Mittelpunkt des gesellschaftlichen Lebens.

Im Mai 1914 kommt Wilhelm II. ein letztes Mal nach Wiesbaden. Er nimmt das neu errichtete Kaiser-Friedrich-Bad in Augenschein, macht einen Abstecher zur Saalburg und besucht im Theater eine „Oberon"-Aufführung. Mit der Abreise des Kaisers am 18. Mai 1914 ist auch die glanzvolle Zeit der „Weltkurstadt" fast vorbei. Zweieinhalb Monate später beginnt der Erste Weltkrieg. Aus den Hotels werden Lazarette, statt der Kurgäste kommen jetzt vor allem Verwundete.

Die militärische Niederlage 1918 und die Novemberrevolution kosten Wilhelm II. den Thron. Am 10. November geht er ins holländische Exil und dankt kurz darauf ab. Er stirbt mitten im Zweiten Weltkrieg, am 4. Juni 1941, 82-jährig in Doorn. Sein geliebtes Wiesbaden hat er nie wiedergesehen.

Christian Zais,

der Schöpfer des klassizistischen Wiesbaden

Wer heute an der Pforte zwischen Kurhaus und Parkstraße den Kurpark betritt, entdeckt rechter Hand einige verwitterte Säulen, die ein geborstenes Gesims tragen. Manch einer mag sich womöglich an die Ruine eines römischen Tempels erinnert fühlen. Dabei sind die steinernen Überreste gerade einmal 200 Jahre alt – die wenigen Relikte des alten Kurhauses, das Anfang des 20. Jahrhunderts auf den allerhöchsten Wunsch Kaiser Wilhelms II. dem noch heute stehenden Prachtbau weichen musste. Viele Wiesbadener trauerten damals dem klassizistischen Bau nach. Ein Schicksal, das dessen Erbauer knapp 100 Jahre zuvor wohl kaum zu erhoffen gewagt hätte. Denn was Christian Zais, der Architekt und Stadtplaner, zu seinen Lebzeiten geschaffen hatte, das stieß bei seinen Wiesbadener Zeitgenossen teilweise auf Unverständnis, häufig sogar auf pure Ablehnung. Eine Ablehnung, die ihn, den Baumeister des klassizistischen Wiesbaden, beinahe in den Ruin getrieben hätte und ihm, dem Wegbereiter der „Weltkurstadt", allzu früh die Gesundheit raubte.

Johann Christian Zais wird am 4. März 1770 in Cannstatt bei Stuttgart als drittes von sieben Kindern eines Chirurgen geboren. Er absolviert eine Steinmetzlehre und stellt sich bei Arbeiten am Stuttgarter Schloss so geschickt an, dass er 1787 als Schüler der berühmtberüchtigten Hohen Karlsschule aufgenommen wird, die einige Jahre zuvor auch der junge Friedrich Schiller absolviert hat. Zais studiert hier Architektur, vor allem die Wasserbaukunst, in der er sich erste Meriten erwirbt. Nach der Studienzeit unternimmt er zur Weiterbildung einige Reisen und macht sich dann als Privatarchitekt in Stuttgart selbstständig. 1796 heiratet er die gleichaltrige, in der Nähe von Ulm geborene Josephine Schalk. Zwischen 1798 und 1811 kommen neun Kinder zur Welt, von denen der älteste Sohn Wilhelm später Medizinalrat und der 1804 geborene Eduard ebenfalls Architekt und später Baurat für Wies-

baden wird. Großen wirtschaftlichen Erfolg hat Christian Zais als freier Architekt allerdings zunächst nicht, erst ein Vermessungsauftrag im Kloster Maulbronn bringt schließlich die ersehnte Wende.

Denn in Nassau wird man auf den jungen Architekten aufmerksam – genau genommen der Staatsminister Ernst Franz Ludwig Freiherr Marschall von Bieberstein, der ebenfalls aus Württemberg stammt und die Karlsschule besucht hat. Am 6. Mai 1805 wird Zais mit einem Salär von 700 Gulden sowie weiteren Nebenbezügen als „Landesbaumeister mit dem Amtssitze zu Hofheim" angestellt. Doch schon bei seiner Ankunft in Hofheim erhält er eine neue Tätigkeit zugewiesen – als Bauinspektor mit Sitz in Wiesbaden und Assistent des sieben Jahre älteren Baudirektors Florian Goetz. Zu Zais' Aufgaben gehört unter anderem die Leitung des Uferbaus am Main. Seine eigentliche Berufung aber findet er in Wiesbaden. Hier arbeitet er im Auftrag des Herzogs Pläne zur Verschönerung und Erweiterung der Residenzstadt aus: nicht weniger als einen kompletten Bebauungsplan, der das Gesicht der Stadt bis heute prägt.

So gibt Zais dem „historischen Fünfeck" seine Gestalt, also dem Ring aus Wilhelmstraße, Taunusstraße, Röderstraße, Schwalbacher Straße und Friedrichstraße (später dann der Rheinstraße), der den bestehenden mittelalterlichen Kern der Stadt umschließt. Es ist ein ambitioniertes Großprojekt, das aus dem verschlafenen, verwinkelten und provinziellen Badeort mit gerade einmal rund 3.000 Einwohnern innerhalb weniger Jahrzehnte die „Weltkurstadt" machen soll.

Doch die Widerstände sind groß. Das zeigt sich schon beim Bau des Kurhauses, das zwischen 1808 und 1810 im Stile des Klassizismus entsteht. Und zwar nicht in der Stadt, sondern vor deren Toren, gewissermaßen auf der grünen Wiese, wo sich fortan das gesellschaftliche Leben der Kurgäste abspielt. Weltläufige Besucher wie Johann Wolfgang von Goethe, der 1814 einen Aufenthalt in Wiesbaden verbringt, sind von den Anlagen beeindruckt – nicht jedoch die Badewirte der Stadt, die um ihr hergebrachtes Geschäft fürchten.

Zais' zweiter (und als einziger noch bestehender) Großbau jener Zeit ist das Erbprinzenpalais an der damals neu angelegten und nach dem nassauischen Herzog Wilhelm benannten Wilhelmstraße, das – nach einer Nutzung als Museum – heute die IHK beherbergt. Erst nach und nach wird die „Rue", wie die Prachtstraße bald genannt wird, bebaut. Zais ist jetzt ein bekannter Architekt, und viele Privatleute lassen sich von ihm Gebäude errichten. Bald zählt der Baumeister zu den wohlhabendsten Bürgern der Stadt.

Auch sein eigenes Wohnhaus im klassizistischen Stil errichtet Zais in diesen Jahren. Und zwar am heutigen Kaiser-Friedrich-Platz, also vis-a-vis des eben erst errichteten Kurhauses. Zu dieser Zeit steht dort noch das Sonnenberger Tor. Zais lässt es abreißen und einen freien quadratischen Platz anlegen.

Doch nicht nur sein eigenes Domizil erbaut Zais an der prominenten Stelle. Er plant noch etwas viel Größeres: ein Badehaus und Hotel, das auch höchsten Ansprüchen genügen und so Anlaufpunkt der internationalen Gästeschar werden soll. Es ist ein Projekt, das Zais ab 1817 seine ganze Kraft, sein Vermögen und letztlich auch seine Gesundheit kosten wird. 100 hervorragend ausgestattete Zimmer, prachtvolle Gesellschaftsräume, ein Speisesaal mit acht Säulen aus nassauischem Marmor – der äußerlich zurückhaltende, elegante Bau des „Vier Jahreszeiten" stellt alles bisher Dagewesene in den Schatten.

Zais will jedoch nicht nur ein komfortables Hotel, sondern eben auch ein Badehaus für die noblen Gäste. Dazu muss er eine der bestehenden Quellen anzapfen. Doch welche? Zais lässt Grabungen durchführen, um das begehrte Thermalwasser in sein Hotel umzuleiten. Was nun folgt, kann man mit Fug und Recht als Wirtschafts-Krimi des frühen 19. Jahrhunderts bezeichnen: Die Badewirte der Innenstadt sind empört über das Ansinnen des übermächtigen Konkurrenten und legen ihm bei jeder sich bietenden Gelegenheit Steine in den Weg. Als er eine Leitung zum Bäckerbrunnen graben lässt, schütten die aufgebrachten Konkurrenten die Schächte wieder zu und zerstören die Quellfassung. Ja, sie scheuen selbst vor unlauteren Methoden nicht zurück, manipulieren ihre eigenen Quellen dahingehend, dass sie scheinbar zu versiegen drohen, nur um Zais' Grabungen damit zu diskreditieren.

Zais will letztlich den Spiegelgasse-Brunnen anzapfen, plant eine Leitung in großer Tiefe, die die anderen Badehäuser der Innenstadt nicht beeinträchtigen soll, doch vergebens. Auch dies wird ihm letztlich untersagt, der Gerichtsprozess zieht sich hin. Zais, von den Auseinandersetzungen gesundheitlich stark angegriffen, stirbt kaum 50-jährig am 26. April 1820, noch vor Fertigstellung seines Prestigeprojekts, an einem Herzinfarkt.

Erst Zais' ältester Sohn Wilhelm kann ein Jahr später das Werk vollenden, und er erhält endlich auch die Erlaubnis, das Wasser aus der Spiegelgasse zu nutzen. Das „Vier Jahreszeiten" zählt fortan zu den besten Badehäusern der Welt – aber auf der Familie lasten gewaltige Schulden. Es dauert Jahre, bis die Erben von Christian Zais die Verbindlichkeiten dank der Gewinne aus dem Hotelbetrieb abtragen können. Das Haus besteht mehr als 100 Jahre, bis es im Zweiten Weltkrieg durch Bomben zerstört wird. An seiner Stelle steht heute ein Wohn- und Geschäftskomplex aus den 1950er Jahren, der allerdings die alte Platzstruktur aufgreift. Neben dem gerade erst wieder aufwändig sanierten Erbprinzenpalais und den Säulenresten des alten Kurhauses erinnert heute vor allem die Straßenführung des „historischen Fünfecks" an Christian Zais, den bedeutendsten klassizistischen Architekten Wiesbadens.

Georg August Zinn,

langjähriger hessischer Ministerpräsident

Ministerpräsident 1950-1969, Mitschöpfer des Grundgesetzes, Gestalter des neuen Hessen, Ehrenbürger von Frankfurt": So steht es auf einer bronzenen Gedenktafel an der Außenmauer der Frankfurter Paulskirche. Ein Titel allerdings fehlt in dieser Aufzählung: Ehrenbürger von Wiesbaden. Denn auch die Landeshauptstadt, die ihm diese Auszeichnung im Jahr seines 65. Geburtstags verlieh, hat Georg August Zinn viel zu verdanken – dem bisher am längsten amtierenden hessischen Ministerpräsidenten.

Georg August Zinn wird am 27. Mai 1901 in Frankfurt am Main geboren. Sein Vater ist Ingenieur, was häufige Ortswechsel mit sich bringt: Bielefeld, Hamburg und zuletzt Kassel heißen die Stationen in Zinns Schulzeit. Ein geplantes Studium zerschlägt sich mit dem Tod des Vaters 1920. Zinn absolviert daher eine Ausbildung zum „gehobenen Kommunalverwaltungsbeamten". Doch schon 1923 lässt er sich von seinem Dienst in der Kommunalverwaltung ohne Bezüge beurlauben, um das ersehnte Studium doch noch zu beginnen. Er entscheidet sich für ein Jurastudium in Göttingen, das er 1927 mit dem ersten Staatsexamen in Berlin abschließt. Wiederum vier Jahre später, nach dem zweiten Staatsexamen, lässt er sich als selbstständiger Rechtsanwalt in Kassel nieder.

Da hat Georg August Zinn längst auch seine politische Ader entdeckt. Bereits 1919 ist er der SPD beigetreten, und im Kasseler Stadtparlament ist er schließlich jüngster SPD-Abgeordneter. Hier gerät er auch mehr als einmal mit einem anderen Juristen aus Kassel hart aneinander – dem Nationalsozialisten Roland Freisler, dem späteren „Blutrichter" und Präsidenten des „Volksgerichtshofes".

Es bleibt nicht die letzte Konfrontation mit dem Unrechtsregime und seinen Helfershelfern. Im Juli 1933 wird Zinn, der als Anwalt Gegner der Nationalsozialisten verteidigt, in „Schutzhaft" genommen.

Nach seiner Freilassung wird er von der Gestapo beobachtet, und er darf nicht mehr als Verteidiger in politischen Prozessen arbeiten.

Im Zweiten Weltkrieg wird Zinn zur Wehrmacht eingezogen, kämpft in Frankreich und an der Ostfront. Er gerät kurz in amerikanische Kriegsgefangenschaft, bevor er Mitte 1945 in das fast völlig zerstörte Kassel zurückkehrt. Bereits im Oktober 1945 beruft Karl Geiler, der von den Amerikanern ernannte Ministerpräsident, den erwiesenen Gegner des Nationalsozialismus zum hessischen Justizminister. Zinn geht zügig an die Reorganisation des Justizwesens, beschäftigt sich intensiv mit verfassungsrechtlichen Fragen. Er ist Mitautor der Hessischen Landesverfassung vom 1. Dezember 1946 und gehört 1949 zu den „Vätern des Grundgesetzes".

Mehr noch: Zinn zählt auch zu den Gründervätern der Bundesrepublik. So ist er Mitglied und Vizepräsident des Wirtschaftsrates und 1948 Mitglied des Parlamentarischen Rates. Er gehört auch dem ersten deutschen Bundestag an, erringt 1949 das Direktmandat für Kassel und legt daraufhin sein Amt als Landesminister nieder.

Als im Herbst 1950 die SPD als Sieger aus den Landtagswahlen in Hessen hervorgeht, kehrt Zinn nach Hessen zurück – diesmal als Ministerpräsident. Am 14. Dezember 1950 wählt ihn der Landtag in dieses

Amt; Zinn wird es ununterbrochen fast 20 Jahre lang innehaben und erst aus Krankheitsgründen niederlegen müssen.

In Zinns Amtszeit fallen die Modernisierung des Landes und der rasche wirtschaftliche Aufschwung, das „Wirtschaftswunder". Zinn setzt auf einen Ausbau der Infrastruktur, um die Wirtschaft zu stärken. Auch die Integration der Vertriebenen gehört zu den Leistungen Zinns. Unter den Begriff „Hessenplan" fällt eine Vielzahl von Strukturmaßnahmen, um neue Wohnungen und Arbeitsplätze zu schaffen und Wohlstand für breite Bevölkerungsschichten zu ermöglichen. 1961 ruft er den „Hessentag" ins Leben – eine kulturelle Großveranstaltung an jährlich wechselnden Orten, die Alteingesessene und neue Bewohner näher zusammenbringen und ein Gemeinschaftsgefühl schaffen soll. Zinn ist ein volkstümlicher Ministerpräsident, der auf die Menschen zugeht. Mehrfach wird er im Amt bestätigt – 1954, 1958, 1962 und 1966. Zweimal – 1953/54 und 1964/65 – ist er turnusgemäß Bundesratspräsident. Er ist lange Jahre Landesvorsitzender der SPD in Hessen und gehört bei den Bundestagswahlen 1961 auch zum Wahlkampfteam von Willy Brandt. Neben den Ehrenbürgerschaften von Wiesbaden und seiner Geburtsstadt Frankfurt erhält er auch die seiner langjährigen Heimat Kassel; er bekommt das Großkreuz des Bundesverdienstkreuzes und 1971 die Wilhelm-Leuschner-Medaille.

Ein Schlaganfall beendet Zinns politische Karriere 1969 abrupt. Er legt sein Amt nieder und zieht sich aus der Politik zurück. Von der Dienstvilla des hessischen Ministerpräsidenten in der Wiesbadener Rosselstraße zieht Zinn mit seiner zweiten Frau Christa in ein schönes Anwesen in der Grillparzerstraße. Hier verbringt er die letzten sechs Jahre seines Lebens.

Georg August Zinn stirbt am 27. März 1976 in Frankfurt am Main. Auf dem Wiesbadener Nordfriedhof findet er seine letzte Ruhestätte. An den hessischen Ministerpräsidenten mit der bisher längsten Amtszeit erinnert in Wiesbaden heute auch die Georg-August-Zinn-Straße – dort hat im ehemaligen „Hotel Rose" die Hessische Staatskanzlei ihren Sitz. Und seit 1997 gibt es die „Georg-August-Zinn-Medaille", die „für Verdienste um das Gemeinwohl in Hessen" verliehen wird.

Die Wiesbadener Oberbürgermeister seit 1886

Dr. jur. Carl von Ibell

01.08.1883 Erster Bürgermeister in Wiesbaden, seit 1886 mit dem Titel Oberbürgermeister, bis 31.03.1913. Seit 1892 Mitglied des Herrenhauses, 1901 Mitglied des Provinzialrats. Ehrenbürger von Wiesbaden.

Karl Glässing

Seit 1894 im hessischen Staatsdienst. Geh. Oberfinanzrat in Darmstadt. 1909 Bürgermeister, 01.04.1913 bis 03.11.1922 Oberbürgermeister von Wiesbaden. Am 05.11.1919 von der Besatzungsmacht ausgewiesen. 1922 bis 1932 Präsident des Landesfinanzamts Darmstadt. Ehrenbürger von Wiesbaden.

Friedrich (Fritz) Travers

Jura-Studium. Februar 1903 Magistratsassessor bei der Stadt Wiesbaden. 1905 Stadtrat. Seit 1913 Bürgermeister. Nach der Ausweisung Glässings 1919 Übernahme der Amtsgeschäfte. 13.02.1923 bis 12.11.1924 ausgewiesen. Vom 26.06.1925 bis zu seinem Tod Oberbürgermeister.

Georg Krücke

1898 bis 1901 Jura-Studium. Notar und Rechtsanwalt in Limburg und (seit 1910) in Wiesbaden. Seit 1913 Stadtverordneter. 28.03.1930 bis 03.06.1933 Oberbürgermeister (Amtsenthebung durch die Nationalsozialisten). Bis 1938 Rechtsanwalt, dann Geschäftsführer. 21.04.1945 bis 11.08.1946 wiederum Oberbürgermeister. Ehrenbürger von Wiesbaden.

Alfred Schulte

Technisches Studium. 1904 Ingenieur bei der Stadtverwaltung Wiesbaden. 1911 Leiter der Wasser- und Lichtwerke. Seit 1913

Stadtrat, 1918 Stadtkämmerer, 1920 Zweiter Beigeordneter, 1925 Bürgermeister, weiterhin Stadtkämmerer. 06.10.1933 bis 31.03.1937 Oberbürgermeister. 1925 bis 1933 Vorsitzender des Nassauischen Städtetages.

Dr. jur. Erich Mix

1927 bis 1931 Stadtrat in Mühlhausen. 1931 bis 1933 Bürgermeister in Stolp, 1933 bis 1934 in Stettin. Eintritt in die NSDAP 1932. 1934 bis 1937 Oberbürgermeister in Tilsit, 01.04.1937 bis 16.04.1945 in Wiesbaden. Kriegsteilnahme 1939 bis 1945 als Jagdfliegerkommandeur. 1952 bis 1954 Stadtverordneter (FDP), 01.10.1953 Stadtverordnetenvorsteher. 25.02.1954 bis 25.02.1960 wiederum Oberbürgermeister. 1958 bis 1966 Mitglied des Landtags.

Hans Heinrich Redlhammer

Jura-Studium. Diplomatischer Dienst, seit 1929 Vortragender Legationsrat. 1933 entlassen. In der Privatwirtschaft tätig. 1945 Beauftragter für Presse und Rundfunk bei der Stadt Wiesbaden. 12.08.1946 bis 18.06.1953 Oberbürgermeister. Kreisvorsitzender der CDU bis 1957. 1961 Präsident der Stresemann-Gesellschaft.

Georg Buch

Buchdrucker und Schriftsetzer. In der Arbeiterjugend. 1933 Stadtverordneter. Politisch verfolgt, 1944 KZ Oranienburg. Seit 1946 Stadtrat, seit 1954 Bürgermeister, 07.04.1960 bis 31.01.1968 Oberbürgermeister. Mitglied der Verfassungberatenden Landesversammlung, 1946 bis 1950 und 1954 bis 1974 Mitglied des Landtags (SPD), 1966 bis 1974 Landtagspräsident. Ehrenbürger der Stadt Wiesbaden.

Rudi Schmitt

1946 bis 1954 Lehrer und Realschullehrer in Frankfurt. 1954 bis 1968 Mitglied des Landtags. 1960 bis 1968 Stadtrat in Wiesbaden; Schul- und Sportdezernent, seit 1966 auch Kulturdezernent. 01.02.1968 bis 05.03.1980 Oberbürgermeister. 1980 bis 1987 Mitglied des Bundestages (SPD).

Georg-Berndt Oschatz
Jura-Studium. 1968 Persönlicher Referent des niedersächsischen Kultusministers. 1970 bis 1976 Leiter des Wissenschaftlichen Dienstes der CDU-Fraktion im Niedersächsischen Landtag. 1972 bis 1974 Stadtrat in Hannover. 1974 bis 1976 Mitglied des Landtages. 1976 bis 1980 Oberstadtdirektor in Hildesheim. 06.03.1980 bis 09.09.1982 Oberbürgermeister von Wiesbaden. Dann Kultusminister in Niedersachsen. 1987 Bundesratsdirektor.

Dr. jur. Hans-Joachim Jentsch
Jura-Studium. Seit 1966 Rechtsanwalt, seit 1967 in Wiesbaden, seit 1977 Notar. 1969 Kreisvorsitzender der CDU. 1976 bis 1983 Mitglied des Bundestages. 1977 bis 1979 Stadtverordneter. 10.09.1982 bis 12.06.1985 Oberbürgermeister von Wiesbaden. 1986 wiederum Kreisvorsitzender der CDU. 1975 bis 1978 Präsident des Sportvereins Wiesbaden.

Joachim (Achim) Exner
Studium der Volkswirtschaft und Politikwissenschaft in Mainz. Seit 1972 Stadtverordneter in Wiesbaden, 1973 SPD-Fraktionsvorsitzender. 1972 bis 1975 Geschäftsführer des Mieterschutzvereins. Seit 1982 Stadtrat; Sozialdezernent. 19.09.1985 bis 18.09.1997 Oberbürgermeister.

Hildebrand Diehl
Berufsausbildung zum Verlagsbuchbinder. Meister mit handwerklicher und industrieller Meisterprüfung. Selbständiger Verlagsbuchbinder bis 1989, seit 1972 Mitglied im Stadtparlament. Von 1977 bis 1989 Fraktionsvorsitzender der CDU-Fraktion, ab 1989 Bürgermeister, vom 19.09.1997 bis 01.07.2007 Oberbürgermeister.

Dr. Helmut Müller
Seit 02.07.2007 Oberbürgermeister.

Quelle: Stadt Wiesbaden

Liste der Ehrenbürger der Stadt Wiesbaden

Dr. Philipp Bertram
Vizepräsident des Appellationsgerichts a. D.
1892

Prof. Dr. Remigius Fresenius
Geh. Hofrat
1892

Christian Gaab
Schreiner
1896

Wirkl. Geh. Rat Eduard von Magdeburg
Präs. d. Oberrechnungskammer
1899

Prof. Dr. Ernst von Leyden
Geh. Medizinalrat
1902

Georg von Hülsen
Generalintendant
1902

Prof. Fritz Kalle
Stadtrat
1903

Dr. Arnold Pagenstecher
Geh. Sanitätsrat
1907

Dr. Carl von Ibell
Oberbürgermeister
1912

Karl Glässing
Oberbürgermeister und Geh. Finanzrat
1922

Dr. Ludolf von Krehl
Geheimrat, Professor der Inneren Medizin
1932

Dr. Wilhelm von Opel
Geheimrat
o.J. (1933 ?)

Heinrich Glücklich
Stadtrat
1950

Carl Schuricht
Generalmusikdirektor
1953

Dr. Wilhelm Ferdinand Kalle
Industrieller und Politiker
1953

Georg Krücke
Oberbürgermeister a. D., Stadtrat
1955

Philipp Holl
Bürgermeister a. D. und Stadtältester
1956

Adam Herbert
Apotheker
1962

Franz Fuchs
Stadtverordnetenvorsteher
1964

Dr. Georg August Zinn
Ministerpräsident
1966

Georg Buch
Landtagspräsident u. Oberbürgermeister a. D.
1968

Dr. Wilhelm Kempf
Bischof
1975

Dr. Martin Niemöller
Kirchenpräsident i. R.
1975

Carol Nachman
Direktor
1977

Dipl.-Ing. Wilhelm Dyckerhoff
1978

Prof. Dr. Wilhelm Fresenius
Diplom-Chemiker
1985

Professor Dr. Klaus Miehlke
Chefarzt und ärztlicher Direktor
1995

Rudi Schmitt
Oberbürgermeister a. D.
1995

Christa Moering
Malerin und Galeristin
1996

Professor Hans-Joachim Jentsch
Bundesverfassungsrichter a. D.
2006

Jörg Jordan
Staatsminister a. D.
2006

Prof. Gottfried Kiesow
Landeskonservator a. D.
2006

Quelle: Stadt Wiesbaden. Bis 1985 ist die Liste den Eintragungen des Ehrenbürgerrechts auf Seite 3 des Goldenen Buches der Stadt entnommen, die jüngeren Einträge stammen von der Website der Stadt.

Literaturverzeichnis

Allgemeine Deutsche Biographie (ADB)
Neue Deutsche Biographie (NDB)

Altenbockum, Jasper von: Wilhelm Heinrich Riehl (1823 – 1897). Sozialwissenschaft zwischen Kulturgeschichte und Ethnographie. Köln 1994 (Münstersche Historische Forschungen, Band 6)

Becker, Dirk Michael: Wiesbaden. Der Literarische Stadtführer. Spaziergänge zwischen Tradition und Moderne. 2. Aufl., Wiesbaden 2009

Brunner, Margot: 100 Jahre Tony Sender. Aktualisierte Neuauflage, Wiesbaden 1996

Bubner, Berthold: Christian Zais (1770 – 1820) in seiner Zeit. Wiesbaden 1993

Blisch, Bernd: Auf den Spuren von … Herzogin Pauline (1810 – 1856). Wiesbaden 2010 (Kulturamt der Landeshauptstadt Wiesbaden)

Czysz, Walter: Vom Römerbad zur Weltkurstadt. Geschichte der Wiesbadener heißen Quellen und Bäder. Wiesbaden 2000 (Schriften des Stadtarchivs Wiesbaden, Band 7)

Even, Pierre (Hrsg.): Adolph Herzog zu Nassau, Großherzog von Luxemburg (1817 – 1905). Wiesbaden 1992 (Verzeichnisse und Schriften der Hessischen Landesbibliothek Wiesbaden, Band 1)

Even, Pierre: Herzog Adolph zu Nassau und das Jagdschloss Platte bei Wiesbaden. Berg/Taunus 1998 (Bad Emser Hefte, Nr. 179)

Gerber, Manfred: Das Kurhaus Wiesbaden. Kaleidoskop eines Jahrhunderts. Bonn 2007

Glöckler, Peter-Michael: Schauplatz der Geschichte. Der historische Friedhof Wiesbaden-Biebrich und seine Vorgänger. Wiesbaden 1999

Hildebrand, Alexander: Wiesbaden als letzte Station. Der russische Maler Alexej Jawlensky in den Jahren 1921 bis 1941. In: Russische Beziehungen zu Wiesbaden und Darmstadt. Beiträge aus Anlass des 150-jährigen Jubiläums der Russischen Kirche in Wiesbaden im Jahr 2005. Wiesbaden 2007 (Schriften des Stadtarchivs Wiesbaden, Band 10)

Hoffmann, Hilmar: Die großen Frankfurter. Ehrenwürdige Bürger und Ehrenbürger von Karl dem Großen bis Friedrich von Metzler. Frankfurt am Main 2004

Kampe, Walther: Ein Leben für die Kirche. Festrede zum 75. Geburtstag von Dr. Wilhelm Kempf, 1949 – 1981 Bischof von Limburg. Frankfurt am Main 1981

Kiesow, Gottfried: Architekturführer Wiesbaden. Die Stadt des Historismus. Bonn 2006

Klein, Beatrixe: Sieben Frauen. Sieben Leben. Sieben Geschichten. Ein Buch für Wiesbaden. Wiesbaden 2005

Korff, Malte: Johannes Brahms. Leben und Werk. München 2008

Liebfried, Erwin: Multatuli. Leben und Schreiben zwischen Amsterdam, Java und Wiesbaden. Wiesbaden 2005

Marschall, Horst Karl: Friedrich von Thiersch. Ein Münchner Architekt des Späthistorismus (1851 – 1921). München 1982

Müller, Klaus-Jürgen: Generaloberst Ludwig Beck. Eine Biographie. Paderborn u. a. 2008

Renkhoff, Otto: Nassauische Biographie. Kurzbiographien aus 13 Jahrhunderten. 2. Aufl., Wiesbaden 1992 (Veröffentlichungen der Historischen Kommission für Nassau, Band 39)

Riedle, Peter Joachim (Hrsg.): Wiesbaden und der 20. Juli 1944. Wiesbaden 1996 (Schriften des Stadtarchivs Wiesbaden, Band 5)

Schaefer, Albert: Wiesbaden. Von der Römersiedlung zur Landeshauptstadt. 3. Aufl., Frankfurt am Main 1985

Schüler, Winfried: Das Herzogtum Nassau (1806 – 1866). Deutsche Geschichte im Kleinformat. Wiesbaden 2006 (Veröffentlichungen der Historischen Kommission für Nassau, Band 75)

Schmidt-von Rhein, Georg (Hrsg.): Napoleon und Nassau. Ramstein 2006

Schröder, Stefan; Gerber, Manfred (Hrsg.): Immer mittendrin. 100 Jahre Pressehaus Wiesbaden. Frankfurt am Main 2009

Stadt Ingelheim (Hrsg.): Wer war Multatuli? „Spuren der Anstrengung" eines Schriftstellers. Fernwald 1987

„Unsere Aufgabe heißt Hessen". Georg August Zinn, Ministerpräsident 1950 – 1969. Katalog zur Ausstellung des Hessischen Hauptstaatsarchivs im Auftrag der Hessischen Landesregierung. Wiesbaden o. J. (2001)

Wodarz-Eichner, Eva: „Ich will wirken in dieser Zeit ..." Bedeutende Frauen aus acht Jahrhunderten. 2. Aufl., Bonn 2008

Zeitzeugen. Wiesbadener Häuser erzählen ihre Geschichte. Hrsg. v. Mattiaca, Gesellschaft zur Pflege von Dialekt und Stadtgeschichte Wiesbaden. Band 1 – 4, Wiesbaden 1996ff.

Bildnachweis

Stadtarchiv Wiesbaden
Hessische Landesbibliothek Wiesbaden
Hessisches Hauptstaatsarchiv, HH StAW Abt. 3008 – Bildersammlung
Henkell & Söhnlein Sektkellereien KG
Diözesanarchiv Limburg
Schloss Reinhartshausen Kempinski
Siemens Corporate Archives
Archiv der Verlagsgruppe Rhein-Main
Dr. Karsten Eichner
dpa
Wikipedia

Wir danken allen Rechteinhabern. Es konnten nicht alle namentlich bzw. mit ihrer Adresse ermittelt werden. Ihre Rechte bleiben selbstverständlich gewahrt. Etwaige Ansprüche können beim Verlag geltend gemacht werden.

Eva Wodarz-Eichner

Sagenhaftes
Wiesbaden

Von Riesen, Rittern
und Räubern am Rhein

SOCIETÄTSVERLAG

Eva Wodarz-Eichner

Sagenhaftes Wiesbaden
Von Riesen, Rittern und Räubern am Rhein

224 Seiten, gebunden mit Schutzumschlag
ISBN 978-3-7973-1131-1, € 19,90

Was treibt das klirrende Eisenmännchen Nacht für Nacht am Rheinufer? Wer rettete die Nonne von Klarenthal wundersam aus größter Not? Und was erlebte der Teufel höchstselbst am Kochbrunnen in Wiesbaden? Die Antworten darauf findet man in den vielen Sagen, die sich um Wiesbaden und seine Vororte, um den Rheingau und Taunus ranken – oft schaurige Erzählungen, manchmal versöhnlich und auf jeden Fall spannend.
Eva Wodarz-Eichner hat in ihrem Buch zusammengetragen und nacherzählt, was über Jahrhunderte mündlich überliefert wurde: Sagen von zürnenden Riesen, verliebten Rittern oder einer bösen Fee, die ein ganzes Tal in ihrer Gewalt hat. Ergänzt hat sie die Geschichten um kurze historische Erläuterungen, die den Rahmen der Wiesbadener Sagenwelt bilden.
Ihr Buch ist eine lesenswerte wie kurzweilige literarische Reise durch eine „sagenhafte" Region.

„Die Lektüre ihres Buches kann auch Beginn einer Entdeckungsreise sein, die dem ‚nüchternen Blick auf die Kongress- und Kurstadt' eine weitere, zauberhafte Facette hinzufügt."

Wiesbadener Kurier

Karsten Eichner

Sherlock Holmes

Die Wiesbadener Fälle

SOCIETÄTS**VERLAG**

Karsten Eichner

Sherlock Holmes

Die Wiesbadener Fälle

160 Seiten, gebunden mit Schutzumschlag
ISBN 978-3-7973-1161-0, € 14,80

Wiesbaden im späten 19. Jahrhundert: Die „Weltkurstadt" erlebt ihre Blütezeit und zieht Gäste aus allen Nationen an – aber auch manch zwielichtige Gestalt. Gut, dass Meisterdetektiv Sherlock Holmes gelegentlich die britische Hauptstadt verlässt, um in einem der mondänsten Badeorte seiner Zeit etliche knifflige Kriminalfälle zu lösen. Ob ermordeter russischer Großfürst oder bestohlene englische Lady, verschwundener Salonmusiker, merkwürdiges Gespenst oder gar ein geplantes Attentat auf Kaiser Wilhelm: Stets ist Holmes, begleitet vom treuen Dr. Watson, rechtzeitig zur Stelle, um die Polizei auf die richtige Spur zu führen.

Ein Lesevergnügen für Krimifans mit Stil!

Wer Arthur Conan Doyle schätzt, wird Karsten Eichners Geschichten verschlingen!

„Mit Liebe zum Detail lässt der promovierte Historiker die Atmosphäre jener Zeit der Grand Hotels, Soireen und Badekuren auferstehen, mischt gekonnt Fakt und Fiktion."

Wiesbadener Kurier

Tobias Roth

Die schönsten
Sehenswürdigkeiten
zu Fuß entdecken

Wiesbaden
zu Fuß

SOCIETÄTS**VERLAG**

Tobias Roth

Wiesbaden zu Fuß

Die schönsten Sehenswürdigkeiten zu Fuß entdecken

144 Seiten, Broschur mit zahlreichen Farbabbildungen

ISBN 978-3-7973-1130-6, € 9,90

Tradition und Moderne, Eleganz und Lebensfreude – die hessische Landeshauptstadt Wiesbaden vermag diese Gegensätze auf charmante Art und Weise miteinander zu verbinden. Die einstige „Weltkurstadt", deren 2000-jährige Wurzeln bis in die Römerzeit zurückreichen, ist geprägt von weitläufigen Parks und prächtigen Gebäuden im Stile des Historismus, des Klassizismus und des Jugendstils. Dieses einmalige architektonische Ensemble, die traditionsreichen Kurbäder sowie die noble Atmosphäre der nassauischen Residenzstadt machten Wiesbaden bis ins frühe 20. Jahrhundert zum Anziehungspunkt für gekrönte Häupter, wohlhabende Industrielle und bedeutende Künstler aus allen Teilen Europas. Auch in der modernen Kongress- und Dienstleistungsstadt von heute ist noch immer jenes einzigartige Flair zu spüren, das Wiesbaden den Beinamen „Nizza des Nordens" einträgt.

„Wiesbaden zu Fuß" lädt dazu ein, die Attraktionen und Sehenswürdigkeiten der hessischen Landeshauptstadt hautnah zu erleben. Ob ein Spaziergang durch das historische Quellenviertel, ein gemütlicher Altstadt-Bummel oder ein Ausflug durch die grüne Lunge der Stadt – insgesamt sieben abwechslungsreiche Routen führen durch Geschichte und Gegenwart der traditionsreichen Kurstadt, präsentieren Highlights aus Kunst und Kultur und verweisen auf zahlreiche attraktive Freizeitaktivitäten. Ergänzend beinhaltet der ausführliche Service-Teil eine Vielzahl weiterer interessanter Adressen, Angebote und Informationen.